DIREITO DAS OBRIGAÇÕES CIVIS-MERCANTIS

Dados Internacionais de Catalogação na Publicação (CIP)
(Câmara Brasileira do Livro, SP, Brasil)

Roque, Sebastião José
  Direito das obrigações civis-mercantis / Sebastião José Roque. – 2. ed. rev. e ampl. – São Paulo : Ícone, 2003. – (Elementos de direito)

ISBN 85-274-0770-1

1. Obrigações (Direito) 2. Direito civil 3. Direito comercial I. Título. II. Série.

03-4039   CDU-347.4

Índices para catálogo sistemático:
1. Direito das obrigações : Direito civil   347.4

SEBASTIÃO JOSÉ ROQUE

Bacharel, mestre e doutor em Direito pela Universidade de São Paulo
Advogado e consultor jurídico empresarial
Árbitro e mediador
Presidente do Instituto Brasileiro de Direito Comercial "Visconde de Cairu"
Presidente da Associação Brasileira de Arbitragem – ABAR
Professor da Faculdade de Direito da Universidade São Francisco

DIREITO DAS OBRIGAÇÕES CIVIS-MERCANTIS

2ª edição
revista e ampliada

Ícone
editora

© Copyright 2004
Ícone Editora Ltda.

Coleção Elementos de Direito

Diagramação
Andréa Magalhães da Silva

Revisão
Rosa Maria Cury Cardoso

Proibida a reprodução total ou parcial desta obra, de qualquer forma ou meio eletrônico, mecânico, inclusive através de processos xerográficos, sem permissão do editor
(Lei nº 9.610/98).

Todos os direitos reservados pela
ÍCONE EDITORA LTDA.
Rua Lopes de Oliveira, 138 – 01152-010
com Rua Camerino, 26 – 01153-030
Barra Funda – São Paulo – SP
Fone/Fax: (11) 3666-3095
www.iconelivraria.com.br
e-mail: editora@editoraicone.com.br
edicone@bol.com.br

O PODER DA MENTE

Pobre de ti se pensas ser vencido,
Tua derrota é um caso decidido.
Queres vencer, mas como em ti não crês,
Tua descrença esmaga-te de vez.
Se imaginas perder, perdido estás.
Quem não confia em si marcha para trás.
A força que te impele para a frente
É a decisão firmada em tua mente.

Muita empresa esboroa-se em fracasso
Inda antes de dar o primeiro passo.
Muito covarde tem capitulado
Antes de haver a luta começado.
Pensa em grande e teus feitos crescerão;
Pensa em pequeno e irás depressa ao chão.
O querer é poder arquipotente
É a decisão firmada em tua mente.

Fraco é quem fraco se imagina.
Olha ao alto quem ao alto se destina.
A confiança em si mesmo é a trajetória
Que leva aos altos cimos da vitória.
Nem sempre quem mais corre a meta alcança,
Nem mais longe o mais forte o disco lança.
Mas se és certo em ti, vai firme, vai em frente
Com a decisão firmada em tua mente.

PREFÁCIO À SEGUNDA EDIÇÃO

Apresentamos a nova edição do Direito das Obrigações Civis-Mercantis, conservando, mais ou menos, a mesma estrutura e a mesma substância da edição anterior. Conservou também o nome "Civil-Mercantil", não só em vista de o novo Código Civil haver unificado legislativamente o Direito Civil e Empresarial, mas por considerar o direito obrigacional unificado dogmaticamente, no aspecto civil e empresarial.

Existem realmente obrigações especificamente civis e outras especificamente mercantis (ou empresariais), como existem contratos que só podem ser civis e outros só mercantis. Porém, no tocante ao direito obrigacional torna-se difícil separar o Direito Civil do Direito Empresarial. Encontraremos essa intimidade no art.121 do revogado Código Comercial:

> "As regras e disposições do Direito Civil para os contratos em geral são aplicáveis aos contratos comerciais com as modificações e restrições estabelecidas neste Código".

Embora revogado, este artigo poderá ser tomado como princípio jurídico, eterno e universal. Lei alguma é perfeita e completa; eis porque o Direito Civil sempre se aplicará a toda atividade empresarial, naquilo que as leis mercantis apresentarem como omisso e imperfeito.

Há outro aspecto a ser comentado. Foi esta edição baseada exclusivamente no Código Civil que entrou em vigor em 11.1.2003. Procuramos ignorar o quanto possível o antigo Código, por achar que poderia provocar confusões na mente dos acadêmicos.

Não há modificações profundas, variadas e substanciais nesta edição ante a antiga, seguindo a própria orientação do Código Civil. Em análise mesmo superficial de nosso Código, pode-se notar a presença de duas partes: uma conservadora e outra inovadora.

A parte conservadora está representada pela manutenção do antigo Código. Com efeito, o novo Código repete o quanto possível o antigo. Vivemos por um século sob a égide do Código elaborado por Clóvis Bevilaqua, baseado no Código alemão, o BGB. Era um monumento de perfeição. Por que mudá-lo radicalmente se estávamos adaptado a ele há um século? Muitos artigos são repetidos "ipsis literis". A estrutura, a seqüência e as formas de exposição ficaram imutáveis.

Podemos então dizer que, entre as inúmeras virtudes do novo Código Civil figura a de ter conservado ao máximo o que merecia ser conservado. Manteve o que era bom e eliminou o que era mau, ou melhor, o que se tornou mau.

A segunda parte, a inovadora, consta das correções do que dispuser o antigo Código, por ter sofrido desgaste ao longo do século em que vigorou. Nesse aspecto, o novo Código assimilou o Direito europeu, em especial o expresso no Código Civil italiano, devidamente adaptado às nossas condições e necessidades. Assim, o fundamento do novo Código foram: o Código Civil italiano no que toca à parte inovadora, e o Código Civil antigo no que tange à parte conservadora.

O terceiro fundamento foi o lavor da douta comissão elaboradora do projeto do Código Civil e do trabalho do Congresso Nacional nos 27 anos de tramitação do projeto nas câmaras legislativas. A todos, as nossas homenagens. Grato eterno lhes será o Brasil por nos haver dado um Código Civil moderno, atualizado, vibrante, prudente, claro e preciso: um dos mais perfeitos do mundo, nada ficando a dever ao código de país nenhum.

Todavia, o novo Código Civil nos traz inovações inesperadas e instituições desconhecidas. É o caso das arras e da assunção de dívida, novas disposições sobre a cláusula penal. Muitas inovações de menor porte foram introduzidas no direito obrigacional. A todas as inovações dedicamos estudo mais pormenorizado, pois, sendo novidades, não se encontram decisões jurisprudenciais nem análises doutrinárias.

Tivemos então que recorrer ao Direito italiano, inspirador do novo Código Civil, mormente aos insignes juristas Giuseppe Ferri e Francesco Galgano, mestres do Autor na Universidade de Bolonha.

Por derradeiro, conclamamos os mestres e acadêmicos a se regozijarem com a promulgação da Lei 10.406, de 10.1.2002, instituindo o novo Código Civil brasileiro. Coloca ele nosso país no primeiro mundo jurídico, ombreando-se com todos os países juridicamente desenvolvidos, como a Itália e a França.

A boataria que se iniciou em 10.1.2002, e recrudesceu em 11.1.2003, pouco a pouco vai se arrefecendo, por falta de lógica e por ser vazia de conteúdo. As críticas, as calúnias e as pilhérias erguidas contra o novo Código vão se desmoralizando e cairão no obscurantismo, tanto quanto seus autores.

O novo Código, entretanto, projetar-se-á no futuro e revelará toda a sua pujança, repousado no velho ditado árabe: "os cães ladram e a caravana passa".

ÍNDICE

1. NOÇÕES FUNDAMENTAIS DA OBRIGAÇÃO, 15
1.1. Conceito, 17
1.2. Elementos da obrigação, 17
1.3. Predicados do objeto, 18
1.4. Exemplos de obrigação, 19

2. TRANSFORMAÇÕES DO DIREITO OBRIGACIONAL, 21
2.1. De Roma até hoje, 23
2.2. Obrigações civis e mercantis, 24

3. FONTE DAS OBRIGAÇÕES, 27
3.1. Sentido de fonte, 29
3.2. A lei, 29
3.3. O contrato, 29
3.4. A declaração unilateral de vontade, 30
3.5. Os atos ilícitos, 30

4. DAS OBRIGAÇÕES DE DAR, 33
4.1. Conceito, 35
4.2. Da obrigação de dar coisa certa, 35
4.3. Da obrigação de dar coisa incerta, 36

5. OBRIGAÇÕES DE FAZER E DE NÃO FAZER, 41
5.1. Obrigações de fazer, 43
5.2. Obrigações de não fazer, 43

6. OBRIGAÇÕES ALTERNATIVAS, 47

7. OBRIGAÇÕES DIVISÍVEIS E INDIVISÍVEIS, 51

8. OBRIGAÇÕES SOLIDÁRIAS, 55
 8.1. Conceito, 57
 8.2. A solidariedade ativa, 58
 8.3. A solidariedade passiva, 59

9. DA CLÁUSULA PENAL, 65
 9.1. Conceito e efeitos, 67
 9.2. Modalidades de pena, 68
 9.3. Restrições e extinção da cláusula penal, 71

10. EFEITOS DAS OBRIGAÇÕES, 75

11. DO PAGAMENTO, 79
 11.1. Aspectos conceituais, 81
 11.2. De quem deve pagar, 81
 11.3. Daqueles a quem se deve pagar, 83
 11.4. Do objeto do pagamento e sua prova, 85
 11.5. Do lugar do pagamento, 86
 11.6. Do tempo do pagamento, 88

12. DA MORA, 95
 12.1. Conceito de mora, 97
 12.2. Mora do devedor, 97
 12.3. Mora do credor, 100
 12.4. Purgação da mora, 101
 12.5. Mora nas obrigações mercantis, 102

13. DO PAGAMENTO INDEVIDO, 105
 13.1. Conceito, 107
 13.2. Repetição do indébito, 107
 13.3. Exceções, 108

14. DO PAGAMENTO EM CONSIGNAÇÃO, 111
 14.1. Formas extras de pagamento, 113

14.2. Do pagamento em consignação, 113
14.3. Da ação de consignação em pagamento, 115

15. PAGAMENTO COM SUB-ROGAÇÃO, 121
    15.1. Conceito, 123
    15.2. Sub-rogação legal, 124
    15.3. Sub-rogação convencional, 126

16. IMPUTAÇÃO DE PAGAMENTO, 129

17. DA DAÇÃO EM PAGAMENTO, 133

18. DA NOVAÇÃO, 137
    18.1. Conceito e tipos, 139
    18.2. Novação objetiva, 139
    18.3. Novação subjetiva, 140
    18.4. Acessórios da obrigação novada, 140
    18.5. Novação das obrigações solidárias, 141
    18.6. Novação de obrigações extintas, 141

19. DA COMPENSAÇÃO, 143
    19.1. Conceito e requisitos, 145
    19.2. Tipos de compensação, 146
    19.3. Obrigações de causas diferentes, 147
    19.4. Pluralidade de obrigações, 147
    19.5. Obrigações solidárias, 148
    19.6. Obrigações não-compensáveis, 148
    19.7. Direitos do fiador, 149
    19.8. Compensação na cessão de crédito, 150
    19.9. Utilidade da compensação, 150

20. DA TRANSAÇÃO, 153
    20.1. Conceito de transação, 155
    20.2. Tipos de transação, 157
    20.3. Efeitos da transação, 158
    20.4. Direitos transacionais, 159

21. DA CONFUSÃO, 161
    21.1. Conceito e efeitos da confusão, 163

21.2. Aplicação do instituto, 164
21.3. Confusão na obrigação solidária, 164
21.4. Revivescência da obrigação, 165

22. DA REMISSÃO DE DÍVIDAS, 167

23. DO INADIMPLEMENTO DAS OBRIGAÇÕES: DAS PERDAS E DANOS, 171
    23.1. Conceito e tipos de inadimplemento, 173
    23.2. Exclusão da responsabilidade, 174
    23.3. Inadimplemento contratual, 174
    23.4. Ressarcimento de danos, 175

24. DOS JUROS LEGAIS, 179

25. DA CESSÃO DE CRÉDITO, 183
    25.1. Conceito e natureza jurídica, 185
    25.2. Tipos de cessão, 187
    25.3. Formalidades da cessão, 188
    25.4. Efeitos em relação ao devedor, 189
    25.5. Responsabilidade do cedente, 190
    25.6. Cessão de crédito penhorado, 191

26. ARRAS OU SINAL, 195
    26.1. Conceito, 197
    26.2. Tipos de arras, 198

27. DA ASSUNÇÃO DE DÍVIDA, 203
    27.1. Conceito e histórico, 205
    27.2. Delegação, 207
    27.3. Cessão de débito, 209
    27.4. Expromissão, 210

28. DA CESSÃO DE CONTRATO, 213
    28.1. Conceito e requisitos, 215
    28.2. Efeitos da cessão de contrato, 216

1. NOÇÕES FUNDAMENTAIS DA OBRIGAÇÃO

1.1. Conceito
1.2. Elementos da obrigação
1.3. Predicados do objeto
1.4. Exemplos de obrigação

1.1. Conceito

O termo "obrigação" origina-se etimologicamente de *obligatio*. Há nela, assim, um sentido de ligação; duas pessoas ficam ligadas entre si pela obrigação. É portanto o vínculo jurídico que liga duas pessoas entre si. Essas pessoas estão situadas em planos diferentes: uma no pólo passivo, outra no ativo. Assim sendo, a obrigação corresponde sempre a um direito no pólo ativo. A pessoa situada no pólo passivo está obrigada a uma prestação perante a pessoa colocada no pólo ativo; esta, por sua vez, tem o direito de exigir daquela o cumprimento da obrigação.

O Direito das Obrigações regula as obrigações de conteúdo econômico. Outros ramos do Direito podem prever obrigações sem esse conteúdo, como o Direito de Família, que enumera muitas obrigações conjugais não-econômicas. Nosso Código Civil apresenta essa exigência; a economicidade se faz evidenciar nas disposições gerais sobre o Direito das Obrigações, englobando os arts. 233 a 420. Expõe essa característica essencial das obrigações, seguindo a esteira do Código Civil italiano, no art. 1.174, ao qual nos apegaremos:

Carattere patrimoniale della prestazione	Caráter patrimonial da prestação
La prestazione che forma oggetto dell'obrigazione deve essere suscetibile di valutazione economica e deve corrispondere a un interesse, anche non patrimoniale, del creditore.	A prestação que forma o objeto da obrigação deve ser suscetível de valor econômico e deve corresponder a um interesse, ainda que não patrimonial, do credor.

Pelo acima exposto, podemos considerar a obrigação como a relação jurídica patrimonial, em que uma parte, situada no pólo passivo, fica vinculada a uma prestação para com outra pessoa, situada no pólo ativo. Há pois então um devedor e um credor.

1.2. Elementos da obrigação

Procuramos definir a obrigação de forma clara e simples. Normalmente, o jurista é o profissional das definições. Contudo, a definição não *esclarece*. Necessita ela de uma análise, com a divisão e realce de seus elementos; os que se realçam na definição parecem bem claros: sujeito, objeto e vínculo jurídico.

O primeiro elemento a ser analisado é o sujeito – aliás, o duplo sujeito. O sujeito da obrigação é o que está adstrito ao cumprimento de uma prestação; é o sujeito passivo da relação jurídica. Como a prestação a que está obrigado tem um substrato econômico, é chamado de devedor.

Contudo, o elemento subjetivo da obrigação desdobra-se em outro sujeito: o ativo, portanto, o credor. É a pessoa a quem a prestação obrigacional é dirigida. A toda obrigação corresponde um direito: se o devedor tem a obrigação de cumprir uma prestação, o credor tem o direito de exigir o cumprimento dessa prestação obrigacional.

Até agora vimos que a obrigação tem um objeto: a prestação obrigacional, pelo devedor, pelo sujeito passivo. Enquanto o sujeito é o elemento subjetivo da obrigação, o elemento pessoal, a prestação é o elemento material. Ela pode consistir num DARE, FACERE, PRAESTARE (dar, fazer e prestar). Entraremos nesses pormenores, ao estudarmos os tipos de obrigações.

O terceiro elemento essencial da obrigação é o vínculo jurídico. É a ligação que une o devedor ao credor, que sujeita o devedor a cumprir a prestação em prol do credor. À obrigação do devedor corresponde o direito do credor, por haver um liame entre a obrigação e o direito. Esse liame tem o caráter de sujeição: o devedor sujeita-se a uma exigência do credor.

1.3. Predicados do objeto

O objeto da obrigação é uma prestação, geralmente pecuniária ou de valor econômico monetariamente determinável. É um compromisso sério, que acarretará sanções se não for cumprido. Para tanto deverá ser delimitado, claro, determinado, com predicados que lhe confiram responsabilidade. Esses predicados agrupam-se em três, primordiais: liceidade, possibilidade, patrimonialidade.

A liceidade é a característica do objeto da prestação que o coloca nos termos da lei. Ninguém pode se obrigar ou ser obrigado à prática de um ato ilícito. Diga-se a propósito que o art. 81 considerava ato jurídico todo ato lícito que tinha por fim imediato adquirir, resguardar, transferir, modificar ou extinguir direitos. Considera-se ilícita qualquer prestação que atente contra a moral, a ordem pública, os bons costumes e a segurança nacional. Assim, não pode uma pessoa ser obrigada a usar o uniforme das forças armadas, uma empresa adotar como signo a esfera armilar nacional, a alugar o Palácio do Planalto, a lotear a Esplanada dos Ministérios, a promover um baile de carnaval no Palácio da Justiça, a importar ou exportar narcóticos.

A possibilidade exige que o objeto da obrigação seja uma prestação possível, acessível. A impossibilidade de uma prestação ocorre por estar ela acima das forças do devedor, ou acarretar-lhe prejuízos irreparáveis, parecendo até jocosa. Por exemplo: vender geladeiras para os esquimós no Pólo Norte, vender camisas do Corinthians num jogo São Paulo x Palmeiras, ou querer obrigar uma simples oficina a fabricar aviões ou submarinos.

A patrimonialidade obriga a prestação a ser suscetível de estimação econômica. Se não for uma prestação pecuniária deverá ser substituível por outra que represente seu valor. Assim, numa obrigação de dar ou fazer, que não puder ser cumprida, poderá ser arbitrada uma prestação de determinado valor financeiro.

1.4. Exemplos de obrigação

a – Alfa Ltda. emite uma nota promissória a favor de Beta Ltda. Obrigou-se a pagar a importância constante naquele título. O favorecido terá o direito de exigir o pagamento daquele valor. Há um liame cambiário entre ambos.
b – Gama Ltda. contrata a venda de mercadorias a Delta Ltda. A primeira obrigou-se a entregar a mercadoria; a segunda obriga-se a pagar o preço da mercadoria. Há um liame contratual.
c – Um motorista entra na contramão e abalroa outro carro na mão certa. A justiça condenou o faltoso a reparar os danos causados à vítima. Há um liame judicial entre ambos.
d – A Prefeitura obriga o proprietário de um imóvel a pagar o IPTU. Há entre o proprietário e o governo um liame legal.
e – Por uma lei, o governo obriga os cidadãos a prestar serviço militar. Há entre o reservista e o governo um liame legal.
f – Um fiador garante um contrato de locação; obriga-se a pagar os aluguéis se o afiançado não os pagou.

g – Um automóvel protegido por uma apólice de seguros sofre avariações; surgiu para a seguradora a obrigação de pagar os estragos ao proprietário do veículo e este ficou no direito de exigir da seguradora o pagamento.

2. TRANSFORMAÇÕES DO DIREITO OBRIGACIONAL

2.1. De Roma até hoje
2.2. Obrigações civis e mercantis

2.1. De Roma até hoje

O Direito Obrigacional, como o direito em si, foi criado na antiga Roma. Os elementos essenciais foram previstos bem antes de Cristo e vários conceitos tinham sido elaborados. No pólo ativo estava o credor, chamado de *creditor* ou *reus stipulandi*. No pólo passivo figurava o devedor, *debitor* ou *reus promittendi*. O Direito romano assegurava ao credor poderosos direitos para exigir do devedor o adimplemento de sua prestação, a *solutio*.

Dare, fare, praestare era a prestação, como objeto da obrigação. As obrigações eram divididas em pessoais e reais. As garantias assecuratórias do cumprimento das obrigações, como o penhor, a hipoteca, a arras e outros, inclusive o contrato de fiança. As formas modernas de extinção das obrigações tiveram origem também nas formas romanas, como a *compensatio* (compensação), a *solutio* (pagamento), a *novatio* (novação), a *datio in solutum* (dação em pagamento).

O Direito Obrigacional romano caracterizava-se pelo formalismo e pelo rigorismo. A assunção de obrigações era um ato jurídico formal, solene, rigoroso; era quase um juramento. Assim, uma parte perguntava à outra: SPONDES? (prometes?) e a outra deveria responder: SPONDEO (prometo!). Se a palavra *spondeo* fosse mal pronunciada, a obrigação não estava assumida. Além disso as sanções pelo inadimplemento das obrigações eram pesadas, atingindo até a pessoa do devedor. Poderia o devedor inadimplente sofrer um *capitis deminutio,* tornando-se cidadão de segunda classe, até mesmo sendo reduzido à condição de escravo.

Em 428 antes de Cristo surgiu a *Lex Poetelia Papiria,* substituindo a sanção pelo inadimplemento das obrigações sobre a pessoa do devedor, dirigindo-a sobre seu patrimônio. Representou a humanização do Direito, pois foi uma fórmula para ressarcir os prejuízos patrimoniais do credor. Anteriormente, parecia uma forma de vingança.

A Idade Média foi uma era de formação moral e religiosa das nações européias, resultadas do fracionamento do império romano. As obrigações assumiram um cunho de moralismo e religiosidade, que se projetou nos tempos mais recentes. Falhar a uma obrigação assumida era faltar a um juramento; trazia sobre a figura do devedor a maldição da insolvência, desonra do sagrado princípio *Pacta sunt servanda.*

No mundo moderno o Direito Obrigacional adquiriu novas feições. Ressalta-se a patrimonialidade da obrigação: deve ela ser suscetível de avaliação econômica. Só integram o Direito Obrigacional as obrigações pecuniárias ou que possam ser substituídas alternativamente por pecúnia, ou que comportem indenização de ordem financeira. Essa economicidade se manifesta processualmente, pois, quando o credor reclama na justiça seus direitos decorrentes de obrigações de seus devedores, deve indicar o valor da causa.

Outra característica do moderno Direito Obrigacional é a flexibilidade e transferibilidade. No Direito romano, devido ao caráter pessoal da obrigação, era ela quase que *intuitu personae* e, portanto, intransferível. Hoje, atende ela ao dinamismo da vida moderna, sujeitando-se a várias formas de transferência. Criaram-se ainda diversas maneiras de solução dos débitos, como as alternâncias de prestações. Nota-se ainda um equilíbrio da importância entre os dois pólos, o passivo e o ativo: o vínculo estabelecido entre o devedor e o credor caracteriza-se pela eqüidade entre a obrigação de uma parte e o conseqüente direito da outra. Podemos assim definir a obrigação como o vínculo jurídico pelo qual uma parte pode exigir da outra uma prestação economicamente apreciável.

2.2. Obrigações civis e mercantis

Característica importante do moderno Direito Obrigacional é a consideração das obrigações aplicáveis aos dois vastos campos da atividade privada, mormente após o surgimento do Direito Empresarial. O Direito privado apresenta-se com dois principais ramos, amparados cada um por seu código e legislação específica. A obrigação civil está regulamentada pelo Código Civil e legislação nele integrada.

A obrigação mercantil é a que decorre da atividade empresarial. O objeto da obrigação faz parte da atividade da empresa, do objeto social dela. Por exemplo: uma empresa tem por objeto social a produção e distribuição de produtos eletrônicos. São empresariais ou mercantis todas as obrigações assumidas por essa empresa, pois fazem parte de sua atividade. Da mesma forma, são mercantis os direitos adquiridos por essa empresa, em decorrência de sua atividade empresarial.

Por outro lado, a obrigação civil faz parte da vida do cidadão. São transações de conteúdo econômico realizadas entre pessoas físicas ou sociedades civis. São exemplos: uma nota promissória por um cidadão a favor de outro, por causa de um empréstimo particular; uma procuração dada por um cidadão ao seu advogado. Às vezes, a obrigação é civil por força da lei, como uma hipoteca e outras decorrentes de operações econômicas sobre imóveis. Da mesma forma pela qual a lei declara mercantis quaisquer obrigações assumidas por uma S/A.

Há diferenças entre a obrigação civil e a mercantil. O inadimplemento de uma obrigação mercantil poderá levar a empresa inadimplente à falência, instituto que não se aplica na órbita civil. Essas diferenças, no estágio atual do Direito brasileiro, atingem os três elementos essenciais da obrigação. Quanto ao sujeito, o devedor da obrigação mercantil é a empresa mercantil, a quem cabe também a obrigação de registrar-se na Junta Comercial. É uma empresa individual ou coletiva que exerça profissionalmente atividade econômica organizada para a produção e fornecimento de bens e serviços ao mercado consumidor. O sujeito de uma obrigação civil é bem diferente: é normalmente o cidadão, uma pessoa física, que assume obrigações de ordem pessoal. Poderá a obrigação civil ser assumida por uma pessoa jurídica, mas de natureza civil, como as associações e fundações.

Consideram-se civis também as obrigações assumidas pelas sociedades civis, tipo de empresas que se dedicam à prestação de serviços e outras atividades não-mercantis; tais empresas não estão obrigadas ao registro na Junta Comercial, mas no Cartório de Títulos e Documentos, chamado de Cartório de Registro de Pessoas Jurídicas.

Com referência ao vínculo jurídico, o liame que une o sujeito ativo com o passivo proporciona direitos mercantis mais disponíveis e direitos civis mais rígidos. Nas obrigações mercantis, a economicidade predomina mais, e sofrem as conseqüências do dinamismo das atividades empresariais. Por essa razão, as partes têm mais liberdade em modificar os termos das obrigações e direitos, celebrando acordos conciliatórios. Não é o que acontece com as obrigações civis, como a de prestar alimentos, de disponibilidade muito vigiada. É o que acontece também com os direitos hereditários.

3. FONTE DAS OBRIGAÇÕES

3.1. Sentido de fonte
3.2. A lei
3.3. O contrato
3.4. A declaração unilateral de vontade
3.5. Os atos ilícitos

3.1. Sentido de fonte

Por fonte de obrigações consideram-se os elementos geradores delas, ou seja, os fatos ou fatores que provocam o aparecimento de uma obrigação. É a causa de uma obrigação; sua origem. Não há uma classificação uniforme das fontes das obrigações, mas as diversas classificações até agora elaboradas mantêm um traço mais ou menos uniforme. Já no Direito romano, Gaio previu nas suas *Institutas* (III-88) duas causas do nascimento das obrigações, dizendo que "omnis vero obligatio vel ex contractu nascitur vel ex delicto" (toda obrigação verdadeira nasce ou do contrato ou do ato ilícito). Posteriormente, o próprio Gaio foi reconhecendo outras causas. Modernamente, podemos considerar quatro fontes: lei, contrato, declaração unilateral de vontade e atos ilícitos.

3.2. A lei

Às vezes, surge uma obrigação pela exclusiva autoridade da lei. É o caso do pagamento de tributos. Ninguém se comprometeu com o governo a pagar-lhe impostos, mas a lei nos obriga a tanto. É o caso também da obrigação de pagar alimentos a um parente necessitado. Não há contrato nesse sentido. O alimentante não fez declaração unilateral de vontade, comprometendo-se a pagar. Não é ato ilícito. Entretanto, a lei obriga qualquer pessoa a pagar alimentos a um parente necessitado, se este os pedir.

Outro caso é o do "pagamento indevido". Se uma pessoa cobra de outra uma dívida não evidente, e esta pagar, terá recebido o que não lhe era devido. Desde que a pessoa que pagou prove ter feito o pagamento por erro, poderá postular a restituição do pagamento indevido. O pagamento indevido gera para a pessoa que o recebeu a obrigação de restituí-lo, inclusive com os frutos dele. É também chamada essa figura jurídica de "enriquecimento sem causa", porquanto provocará o enriquecimento de uma pessoa, com o conseqüente empobrecimento de quem pagou indevidamente.

3.3. O contrato

O contrato é um ato jurídico que gera obrigações para ambas as partes contratantes. Parece ser a principal fonte das obrigações, sob o aspecto de incidência; quase todas as atividades de uma empresa baseiam-se em contratos. Deixaremos porém de entrar nos pormenores do contrato, por ter sido tema de dois compêndios do mesmo autor deste, com o nome de *Direito Contratual Civil-Mercantil* e *Dos Contratos Civis-Mercantis em Espécie*.

3.4. A declaração unilateral de vontade

Conforme o nome indica, é a manifestação de vontade de uma só pessoa, capaz de gerar para ela obrigações. Nosso Código Civil regula as declarações unilaterais de vontade nos arts. 1.505 a 1.511. Todavia, nosso Código prevê, como declaração unilateral de vontade, exclusivamente títulos ao portador, embora um título nominal também encerre uma declaração unilateral de vontade. Os títulos de crédito, sejam ao portador ou nominais, estão hoje regulamentados por leis especiais, tornando inócua a maioria das disposições de nosso Código. Essa questão foi tratada em nosso compêndio *Títulos de Crédito*.

Todo título de crédito contém uma declaração unilateral de vontade, prometendo pagar um valor em dinheiro, mas não é a única forma de declaração unilateral de vontade. Por exemplo, uma confissão de dívida, feita em instrumento público ou particular, é manifestação de vontade de uma só pessoa. Todo compromisso assumido, verbalmente ou por escrito, por uma pessoa, que implique no pagamento de natureza econômica, que não constitua contrato, é uma declaração unilateral de vontade.

Outro tipo de declaração unilateral de vontade, prevista nos arts. 1.512 a 1.517 do Código Civil, é a promessa de recompensa. É o compromisso de uma recompensa, feito por anúncios públicos a quem execute certo serviço ou preencha certa condição. É comum, por exemplo, em São Paulo, aparecerem anúncios oferecendo prêmio a quem localizar e entregar um cachorro perdido. Qualquer pessoa que atender a um anúncio desse tipo adquire o direito de exigir o pagamento do prêmio oferecido. Como promessa de recompensa, podem ser incluídas rifas, sorteios e outras iniciativas dessa natureza.

3.5. Os atos ilícitos

Importante fonte das obrigações, tanto que prevista por Gaio, são os atos ilícitos, quer civis, quer penais. As obrigações por atos ilícitos estão reguladas pelos arts. 186 a 188 do Código Civil, mas se encontram disseminadas em muitas leis civis, mercantis e criminais. No próprio Código Civil, são encontradas disposições a esse respeito. Vejamos, por exemplo, o que diz o art. 188:

> "Aquele que, por ação ou omissão voluntária, negligência, ou imprudência, violar direito, ou causar prejuízo a outrem, comete ato ilícito".

Liga-se a esta questão o problema da responsabilidade civil. Segundo Gaio, a responsabilidade decorre de duas causas: o inadimplemento contratual e o ato ilícito. Historicamente, surgiu a *Lex Aquilia de Damno*, que regulamentou a responsabilidade extracontratual, criando a reparação pecuniária do prejuízo causado a outrem, com o estabelecimento de seu valor. A responsabilidade aquiliana é baseada na culpa. No mundo moderno, porém, a obrigação de reparar o dano estende-se a outras causas, como o dolo.

4. DAS OBRIGAÇÕES DE DAR

4.1. Conceito
4.2. Da obrigação de dar coisa certa
4.3. Da obrigação de dar coisa incerta

4.1. Conceito

Nosso Código Civil enumera e regulamenta várias modalidades de obrigações. Podem elas ser classificadas sob diversos critérios. Uma das principais é a obrigação de dar; a *obligatio dandi* é uma obrigação positiva, consistente em dar uma coisa. É o que acontece nas obrigações reais, como a do penhor. Por ela, o devedor obriga-se a entregar uma coisa ao credor. No contrato de compra e venda, o vendedor obriga-se a entregar uma mercadoria e o vendedor a entregar o dinheiro em pagamento. No contrato de locação, o locador obriga-se a dar o imóvel locado ao locatário, enquanto este se obriga a entregar o aluguel ao primeiro. Pode ainda consistir na restituição de uma coisa.

4.2. Da obrigação de dar coisa certa

Uma das primordiais obrigações conhecidas é a de dar coisa certa, prevista nos arts. 233 a 242. Por essa modalidade de relação jurídica o devedor obriga-se a entregar ao credor um bem determinado. É o que acontece no contrato de compra e venda: o vendedor está obrigado a entregar ao comprador o bem que lhe vendeu; por exemplo: um certo e determinado automóvel. Acontece também nos contratos reais, como o mútuo, em que o mutuante é obrigado a entregar ao mutuário a coisa mutuada. O bem a ser transferido pode ser móvel ou imóvel.

A coisa a ser dada deve ser claramente definida, determinada, distinguindo-se de outras. O credor não pode ser obrigado a receber outra, ainda que mais valiosa. Por exemplo, se um inquilino alugou um imóvel, tem ele o direito de exigir a entrega *desse* imóvel.

A obrigação de dar coisa certa apresenta como seu mais delicado aspecto o risco a que está submetida a coisa a ser dada. O credor possui apenas um direito pessoal, e não real. A coisa só passa a ser da propriedade do credor com a tradição, ou seja, a partir do momento em que ela passa às suas mãos. Assim sendo, se a coisa perecer antes da tradição, sem culpa do devedor, a obrigação se desfaz. Porém, se o devedor for culpado pelo perecimento da coisa, responderá pelo equivalente e ainda por perdas e danos. Por exemplo: uma concessionária de autos obrigou-se a entregar um caminhão a um cliente, mas, por culpa da vendedora, este se incendiou. A vendedora deverá entregar um equivalente, isto é, outro caminhão semelhante, e estará obrigada a reparar os danos causados pela falha.

É possível que a coisa não seja destruída, mas apenas se deteriore antes da tradição. Se o devedor não tiver culpa, oferecem-se ao credor duas alternativas: poderá ele aceitar a coisa deteriorada, com abatimento do preço, ou então rejeitá-la. Se houver culpa do devedor da obrigação, também se oferecem ao credor duas alternativas: poderá aceitar a coisa deteriorada e reclamar perdas e danos.

Semelhante critério, mas com pequenas diferenças, aplica-se no caso de restituição, ou seja, se o credor recebe a coisa e tiver de restituí-la ao devedor. Invertem-se, neste caso, as posições: o antigo credor agora é devedor, enquanto o antigo devedor vira credor. Na restituição de coisa certa, se ela se perder antes da tradição, sem culpa do devedor, o prejuízo será do credor, resolvendo-se a obrigação. Salvam-se porém os direitos do credor até o dia da perda (art. 238). Se, porém, a coisa se perder por culpa do devedor, este responderá pelo equivalente à coisa perdida, e mais as perdas e danos (art. 239).

No caso de restituição também pode ocorrer que a coisa se deteriore, em vez de se perder. Se a coisa restituível se deteriorar sem culpa do devedor, o credor deverá recebê-la, sem direito a indenização. Se, porém, por culpa do devedor, a coisa restituível se deteriorar, o credor poderá exigir coisa equivalente, aceitar a coisa deteriorada com abatimento, mas com exigência de perdas e danos.

4.3. Da obrigação de dar coisa incerta

Examinamos pormenorizadamente a obrigação de dar coisa certa. Todavia, nosso Código, nos arts. 243 a 246, ocupa-se das obrigações de dar coisa incerta. A coisa incerta pode nem sequer existir no momento em que a obrigação seja assumida; aliás quase sempre não existe, mas é provável, esperada. É o que acontece com os produtos agropecuários e a pesca. Se a coisa já existe e está à vista, torna-se comumente coisa certa: é o caso de um agricultor obrigar-se a dar 200 melancias que estão no seu depósito e à vista do credor; o devedor obriga-se a dar as 200 melancias que estão no seu depósito e aceitas pelo credor; são aquelas certas e determinadas melancias.

Todavia, o agricultor poderá obrigar-se a entregar 200 melancias de sua próxima colheita. Trata-se agora de coisa incerta, visto que não se sabe quais melancias, mas se sabe que será dada melancia e a quantidade de 200, não se sabendo quais. A coisa incerta será indicada, ao menos, pelo gênero e quantidade (art. 243). Examinaremos um outro exemplo: um pescador deverá entregar 200 quilos de peixe: 100 de robalo e 100 de corvina. Indicou o gênero: peixe; também a quantidade. O pescador, contudo, tem 500 quilos de robalo e precisará escolher alguns que irão constituir os 100 quilos a serem entregues. É uma coisa incerta, uma vez que não se sabe quais peixes serão, a coisa a ser entregue, sabendo-se entretanto o gênero e a quantidade.

Nas coisas determinadas pelo gênero e pela quantidade, a escolha pertence ao devedor, se o contrário não resultar do título da obrigação. Mas não poderá dar a coisa pior, nem será obrigado a prestar a melhor (art. 244). Ao ser feita a escolha pelo devedor da obrigação, não haverá mais coisa incerta, porquanto ela se tornou certa. Se, todavia, a escolha estiver a cargo do credor, devido a acerto com o devedor, a coisa tornar-se-á certa assim que o credor fizer a escolha. A obrigação será agora regida pelas normas referentes à obrigação de dar coisa certa, nos termos do art. 245.

Antes da escolha, não poderá o devedor alegar perda ou deterioração da coisa, ainda que por força maior ou caso fortuito (art. 246). A expressão "escolha", aqui aplicada, implica na aceitação pelo credor ou quando couber ao credor fazer a escolha.

Necessário pois que a coisa tenha sido entregue ao credor e recebida por este. Se a coisa se perder ou deteriorar antes da tradição, é da responsabilidade do devedor.

NOVO CÓDIGO CIVIL

DAS OBRIGAÇÕES DE DAR

Seção I
Das Obrigações de Dar Coisa Certa

Art. 233. A obrigação de dar coisa certa abrange os acessórios dela embora não mencionados, salvo se o contrário resultar do título ou das circunstâncias do caso.

Art. 234. Se, no caso do artigo antecedente, a coisa se perder, sem culpa do devedor, antes da tradição, ou pendente a condição suspensiva, fica resolvida a obrigação para ambas as partes; se a perda resultar de culpa do devedor, responderá este pelo equivalente e mais perdas e danos.

Art. 235. Deteriorada a coisa, não sendo o devedor culpado, poderá o credor resolver a obrigação, ou aceitar a coisa, abatido de seu preço o valor que perdeu.

Art. 236. Sendo culpado o devedor, poderá o credor exigir o equivalente, ou aceitar a coisa no estado em que se acha, com direito a reclamar, em um ou em outro caso, indenização das perdas e danos.

Art. 237. Até a tradição pertence ao devedor a coisa, com os seus melhoramentos e acrescidos, pelos quais poderá exigir aumento no preço; se o credor não anuir, poderá o devedor resolver a obrigação.

Parágrafo único. Os frutos percebidos são do devedor, cabendo ao credor os pendentes.

Art. 238. Se a obrigação for de restituir coisa certa, e esta, sem culpa do devedor, se perder antes da tradição, sofrerá o credor a perda, e a obrigação se resolverá, ressalvados os seus direitos até o dia da perda.

Art. 239. Se a coisa se perder por culpa do devedor, responderá este pelo equivalente, mais perdas e danos.

Art. 240. Se a coisa restituível se deteriorar sem culpa do devedor, recebê-la-á o credor, tal qual se ache, sem direito a indenização; se por culpa do devedor, observar-se-á o disposto no art. 239.

Art. 241. Se, no caso do art. 238, sobrevier melhoramento ou acréscimo à coisa, sem despesa ou trabalho do devedor, lucrará o credor, desobrigado de indenização.

Art. 242. Se para o melhoramento, ou aumento, empregou o devedor trabalho ou dispêndio, o caso se regulará pelas normas deste Código atinentes às benfeitorias realizadas pelo possuidor de boa-fé ou de má-fé.

Parágrafo único. Quanto aos frutos percebidos, observar-se-á, do mesmo modo, o disposto neste Código, acerca do possuidor de boa-fé ou de má-fé.

Seção II
Das Obrigações de Dar Coisa Incerta

Art. 243. A coisa incerta será indicada, ao menos, pelo gênero e pela quantidade.

Art. 244. Nas coisas determinadas pelo gênero e pela quantidade, a escolha pertence ao devedor, se o contrário não resultar do título da obrigação; mas não poderá dar a coisa pior, nem será obrigado a prestar a melhor.

Art. 245. Cientificado da escolha o credor, vigorará o disposto na Seção antecedente.

Art. 246. Antes da escolha, não poderá o devedor alegar perda ou deterioração da coisa, ainda que por força maior ou caso fortuito.

5. OBRIGAÇÕES DE FAZER E DE NÃO FAZER

5.1. Obrigações de fazer
5.2. Obrigações de não fazer

5.1. Obrigações de fazer

A obrigação de fazer *(obligatio faciendi)* é aquela em que o devedor estiver obrigado a fazer algo, como executar um serviço. A fonte primordial da obrigação de fazer é o contrato de prestação de serviços, como, por exemplo, fazer um serviço de limpeza, colocação de carpetes, uma pintura, uma auditoria, uma corretagem. O fazer consiste, como se vê, numa atividade humana. O conceito mais claro de empresa é o que consta do art. 2.082 do Código Civil italiano, afirmando que é empresa quem exerça profissionalmente atividade econômica organizada, para a produção e distribuição de bens e de serviços. Portanto, a tônica da atividade empresarial consiste nas obrigações de dar e fazer: dar é próprio das empresas de produção de bens, enquanto fazer é próprio das empresas de prestação de serviços.

Não há muitas diferenças entre as duas, mas se notam algumas. Nas obrigações de dar, a pessoa do sujeito passivo é irrelevante, pois o mais olhado é a coisa entregue. Nas obrigações de fazer, é importante a pessoa que faz, mormente quando forem serviços profissionais. Por exemplo, se um paciente contrata uma operação com um médico, a pessoa desse médico é importante, constituindo uma obrigação *intuitu personae*. Na obrigação de fazer, o credor não é obrigado a aceitar de terceiro a prestação, quando for convencionado que o devedor a faça pessoalmente.

Os três artigos do Código Civil que regulam as obrigações de fazer, 247 a 249, ressaltam o caráter *intuitu personae* delas. Esse aspecto se ressalta na teoria dos riscos. Se o devedor da obrigação de fazer ficar impossibilitado de cumpri-la, sem culpa dele, resolver-se-á a obrigação. Se o devedor incorrer em culpa pelo inadimplemento, responderá por perdas e danos. Na mesma responsabilidade incorrerá o devedor que recusar a prestação só a ele imposta, ou só por ele exeqüível. Caso, entretanto, julgue o credor possível a execução por outra pessoa, sob a responsabilidade e conta do devedor, poderá o credor mandá-la executar à custa do devedor, havendo recusa ou mora deste, ou pedir indenização por perdas e danos.

5.2. Obrigações de não fazer

No início deste século, um importante processo provocou enorme celeuma jurídica. Uma conceituada empresa foi vendida por seus donos a outro grupo de pessoas. No contrato de compra e venda dessa empresa, os antigos donos assumiram o compromisso de não exercerem atividade igual à da empresa que venderam. Entretanto, os novos donos entraram com ação judicial contra os antigos, a fim de fazê-los se omitir da prática de certos atos que os autores consideravam como um *facere* proibido. É um sugestivo exemplo de obrigação de não fazer, prevista nos arts. 250 e 251 do Código Civil.

Da mesma forma que existe uma obrigação de fazer, a *obligatio faciendi,* existe uma *obligatio non faciendi;* a uma atividade ativa corresponde uma passiva, ou, mais precisamente, negativa. Obriga-se o devedor a uma abstenção; sua inadimplência consiste em agir. Se agir poderá sofrer uma ação de execução, a fim de coagi-lo a desfazer o que fez, ou responder por perdas e danos. Cessa essa responsabilidade do devedor se, isento de culpa, torna-se-lhe impossível abster-se do fato que se obrigou a não praticar (art. 250).

Essa modalidade de obrigação é mais fácil nas obrigações mercantis. Nas obrigações civis representa um cerceamento à liberdade individual, numa alienação de direitos e abdicação a faculdades humanas. Não se pode impor a uma pessoa física a abstenção ao casamento, ao pagamento de alimentos ou mesmo a disposições patrimoniais, a não ser que seja fraude a credores. Todavia, nas atividades empresariais, é muito comum a imposição desse tipo de obrigação.

NOVO CÓDIGO CIVIL

Das Obrigações de Fazer

Art. 247. Incorre na obrigação de indenizar perdas e danos o devedor que recusar a prestação a ele só imposta, ou só por ele exeqüível.

Art. 248. Se a prestação do fato tornar-se impossível sem culpa do devedor, resolver-se-á a obrigação; se por culpa dele, responderá por perdas e danos.

Art. 249. Se o fato puder ser executado por terceiro, será livre ao credor mandá-lo executar à custa do devedor, havendo recusa ou mora deste, sem prejuízo da indenização cabível.

Parágrafo único. Em caso de urgência, pode o credor, independentemente de autorização judicial, executar ou mandar executar o fato, sendo depois ressarcido.

CAPÍTULO III
Das Obrigações de Não Fazer

Art. 250. Extingue-se a obrigação de não fazer, desde que, sem culpa do devedor, se lhe torne impossível abster-se do ato, que se obrigou a não praticar.

Art. 251. Praticado pelo devedor o ato, a cuja abstenção se obrigara, o credor pode exigir dele que o desfaça, sob pena de se desfazer à sua custa, ressarcindo o culpado perdas e danos.

Parágrafo único. Em caso de urgência, poderá o credor desfazer ou mandar desfazer, independentemente de autorização judicial, sem prejuízo do ressarcimento devido.

6. OBRIGAÇÕES ALTERNATIVAS

Obrigações alternativas são aquelas em que o devedor se obriga a uma pluralidade de prestações, mas bastando a ele realizar uma só delas para ficar exonerado. Trazem elas vantagens para ambas as partes: para o devedor as perspectivas de cumprimento; para o credor a maior possibilidade de cumprimento pelo devedor, com a conseqüente diminuição de riscos. A escolha, normalmente, cabe ao devedor, a menos que tenha sido estipulado de modo diferente. O credor, porém, não está obrigado a aceitar parte de uma prestação e parte de outras.

Acabamos de examinar diversos casos nesse sentido. Se o devedor de uma obrigação de não fazer descumpri-la, deverá desfazer o que fez ou reparar o dano. Na obrigação de dar coisa certa, se a coisa se deteriorar por culpa do devedor, este deverá entregar a coisa deteriorada com abatimento de preço, ou entregar coisa equivalente, ou indenizar o prejuízo do credor. Fora do Código Civil, é comum na vida judiciária a imposição de várias alternativas ao devedor, pelo juiz. Assim, se um devedor aliena um bem penhorado, o juiz impõe-lhe a recuperação desse bem, ou sua reposição por outro equivalente, ou o depósito em dinheiro do valor desse bem, ou então o pagamento da dívida.

O art. 253 prevê um incidente: há duas alternativas, mas uma delas tornou-se inexeqüível ou não pode ser objeto da obrigação. Nesse caso, prevalecerá a outra alternativa, que se torna obrigatória. Por exemplo: o cliente de um banco contratou o empréstimo, dando um veículo em penhor. Contudo o veículo apenhado incendiou-se, tornando inexeqüível a entrega. Poderá o devedor cumprir outro tipo de prestação prevista no contrato.

É possível ocorrer, entretanto, que se torne inexeqüível o cumprimento de todas as prestações alternativas. Há, nesse caso, duas possibilidades. Se a impossibilidade das prestações decorrer de culpa do devedor, este ficará obrigado a pagar o valor da prestação que por último se impossibilitou, mais as perdas e danos que o caso determinar (art. 254). Se não houver culpa do devedor, extinguir-se-á a obrigação (art. 256).

O art. 255, porém, prevê situação em que a escolha da alternativa cabe ao credor e não ao devedor. Poderá haver a possibilidade de que uma das alternativas não possa ser cumprida, por culpa do devedor; neste caso o credor poderá exigir a indenização pelo valor da prestação não cumprida, com perdas e danos, ou então, que o devedor cumpra a outra.

NOVO CÓDIGO CIVIL

Das Obrigações Alternativas

Art. 252. Nas obrigações alternativas, a escolha cabe ao devedor, se outra coisa não se estipulou.

§ 1º Não pode o devedor obrigar o credor a receber parte em uma prestação e parte em outra.

§ 2º Quando a obrigação for de prestações periódicas, a faculdade de opção poderá ser exercida em cada período.

§ 3º No caso de pluralidade de optantes, não havendo acordo unânime entre eles, decidirá o juiz, findo o prazo por este assinado para a deliberação.

§ 4º Se o título deferir a opção a terceiro, e este não quiser, ou não puder exercê-la, caberá ao juiz a escolha se não houver acordo entre as partes.

Art. 253. Se uma das duas prestações não puder ser objeto de obrigação ou se tornada inexeqüível, subsistirá o débito quanto à outra.

Art. 254. Se, por culpa do devedor, não se puder cumprir nenhuma das prestações, não competindo ao credor a escolha, ficará aquele obrigado a pagar o valor da que por último se impossibilitou, mais as perdas e danos que o caso determinar.

Art. 255. Quando a escolha couber ao credor e uma das prestações tornar-se impossível por culpa do devedor, o credor terá direito de exigir a prestação subsistente ou o valor da outra, com perdas e danos; se, por culpa do devedor, ambas as prestações se tornarem inexeqüíveis, poderá o credor reclamar o valor de qualquer das duas, além da indenização por perdas e danos.

Art. 256. Se todas as prestações se tornarem impossíveis sem culpa do devedor, extinguir-se-á a obrigação.

7. OBRIGAÇÕES DIVISÍVEIS E INDIVISÍVEIS

Numa obrigação há sempre duas partes, chamadas respectivamente de credor e devedor. Cada parte é constituída de uma pessoa ou de várias. Quando as partes forem constituídas por uma só pessoa, a prestação é indivisível; não pode ser fracionada. Vimos antes, no estudo das obrigações alternativas que o credor de prestações alternativas não é obrigado a aceitar parte em uma prestação e parte em outra. Pode receber uma ou outra, mas não meio a meio. A indivisibilidade da prestação é reconhecida, ainda que a obrigação tenha por objeto prestação divisível, não pode o credor ser obrigado a receber, nem o devedor a pagar, por parte, se assim não se ajustou.

Todavia, é possível que num dos pólos da relação jurídica obrigacional encontrem-se várias pessoas, ou em ambos os pólos. Neste caso, pode haver obrigações divisíveis, criando aspectos. Se houver vários credores ou vários devedores em uma obrigação divisível, presume-se que essa obrigação se decomponha em várias, iguais e distintas, quantos os credores e devedores (art. 257).

Se, todavia, houver vários devedores e a obrigação não for divisível, cada um deles será responsável pelo total da dívida. Se um dos devedores pagá-la, sub-roga-se no direito do credor, tornando-se, pois, credor. Poderá então cobrar dos demais devedores. É o que acontece nos títulos de crédito. Por exemplo, uma nota promissória em que haja um emitente e cinco avalistas. Se o emitente não a pagar, poderá o pagamento ser feito por um dos avalistas; nesse caso, poderá o avalista *solvens* cobrar a nota promissória dos demais coobrigados, ou seja, do emitente e dos outros quatro avalistas anteriores.

Vejamos porém o caso contrário, com a pluralidade de credores, não importando se houver dois ou mais credores. Digamos que numa dívida haja três credores e um devedor; qualquer dos credores poderá cobrar o total da dívida do devedor. Este deverá oferecer o pagamento aos três credores, mas se dois não se pronunciarem, poderá pagar a um só e terá adimplido sua obrigação. Ficará pois desobrigado. O credor que recebeu a prestação por inteiro ficará obrigado a prestar contas aos demais.

Havendo ainda diversos credores, se um deles der remissão da dívida, ficará remida apenas a parte desse credor. Os credores restantes poderão exigir do devedor o pagamento da dívida, com o desconto da parte remida. O mesmo será observado no caso de transação, novação, compensação ou confusão (art. 262).

Observa-se a perda da indivisibilidade na prestação que se resolver em perdas e danos; nesse caso, transforma-se em pecúnia. O dinheiro é facilmente divisível. A divisão opera-se *pro rata*. A responsabilidade dos devedores, entretanto, submete-se a dois aspectos: se houver culpa de todos os devedores, todos responderão em partes iguais; se a culpa couber a um só deles, responderá este totalmente.

NOVO CÓDIGO CIVIL

CAPÍTULO V
Das Obrigações Divisíveis e Indivisíveis

Art. 257. Havendo mais de um devedor ou mais de um credor em obrigação divisível, esta presume-se dividida em tantas obrigações, iguais e distintas, quantos os credores ou devedores.

Art. 258. A obrigação é indivisível quando a prestação tem por objeto uma coisa ou um fato não suscetíveis de divisão, por sua natureza, por motivo de ordem econômica, ou dada a razão determinante do negócio jurídico.

Art. 259. Se, havendo dois ou mais devedores, a prestação não for divisível, cada um será obrigado pela dívida toda.

Parágrafo único. O devedor, que paga a dívida, sub-roga-se no direito do credor em relação aos outros coobrigados.

Art. 260. Se a pluralidade for dos credores, poderá cada um destes exigir a dívida inteira; mas o devedor ou devedores se desobrigarão, pagando:

I - a todos conjuntamente;

II - a um, dando este caução de ratificação dos outros credores.

Art. 261. Se um só dos credores receber a prestação por inteiro, a cada um dos outros assistirá o direito de exigir dele em dinheiro a parte que lhe caiba no total.

Art. 262. Se um dos credores remitir a dívida, a obrigação não ficará extinta para com os outros; mas estes só a poderão exigir, descontada a quota do credor remitente.

Parágrafo único. O mesmo critério se observará no caso de transação, novação, compensação ou confusão.

Art. 263. Perde a qualidade de indivisível a obrigação que se resolver em perdas e danos.

§ 1º Se, para efeito do disposto neste artigo, houver culpa de todos os devedores, responderão todos por partes iguais.

§ 2º Se for de um só a culpa, ficarão exonerados os outros, respondendo só esse pelas perdas e danos.

8. OBRIGAÇÕES SOLIDÁRIAS

8.1. Conceito
8.2. A solidariedade ativa
8.3. A solidariedade passiva

8.1. Conceito

Só se cogita de solidariedade quando diversas pessoas se integram numa mesma posição. Em termos de obrigações, a solidariedade só acontece quando houver diversas pessoas, ou no pólo ativo, ou no pólo passivo. Por exemplo: a uma dívida concorrem vários devedores, ou seja, eles todos estão obrigados a uma única prestação. Qualquer um desses devedores pode ser demandado pela dívida total e não apenas pela parte proporcional.

Para melhor compreensão, vamos examinar dois tipos de obrigações de sentido antagônico: a conjunta e a solidária. Na obrigação conjunta, cada devedor responde por uma parte proporcional. Por exemplo: Paulo, Ulpiano, Justiniano e Modestino são os devedores de uma dívida, com obrigação conjunta, de R$ 1.000,00. Nesse caso, cada um só poderá ser cobrado para pagar 25% dessa dívida, ou seja, R$ 250,00. Digamos, porém, que essa dívida seja solidária: cada um deles será obrigado a pagar a dívida por inteiro.

A solidariedade origina-se de duas fontes: da lei ou da manifestação de vontade das partes. A solidariedade cambiária, por exemplo, decorre da lei. O fiador pode ser cobrado simultaneamente com o afiançado; é igual a responsabilidade de ambos. Na fiança não há solidariedade estabelecida pela lei. Poderá também haver convenção entre as partes, com o fiador concordando com a solidariedade de sua obrigação. A solidariedade, pois, não se presume; resulta da lei ou da vontade das partes.

Merece especial referência o conceito de solidariedade exposto pelo parágrafo único do art. 264, quando afirma que há solidariedade quando na mesma obrigação concorrem mais de um credor, ou mais de um devedor, cada um com direito, ou obrigado à dívida total. Nota-se, nesse conceito, a presença de dois elementos essenciais: a pluralidade subjetiva e a unidade objetiva. A presença de várias pessoas num pólo da relação obrigacional expressa a pluralidade subjetiva, isto é, a concorrência de diversas pessoas a uma mesma obrigação. A unidade objetiva revela-se na existência de uma só prestação para essa pluralidade subjetiva, isto é, cada um dos devedores tem a obrigação de solver *in totum* a dívida. Por outro lado, cada um dos credores tem o poder de exigir o pagamento dela no seu total.

A solidariedade admite, porém, diferenças de tratamento para os co-devedores ou co-credores. Assim, a obrigação solidária pode ser pura e simples para um dos co-credores ou co-devedores, e condicional, ou a prazo, para o outro, ou pagável em lugar diferente (art. 897).

8.2. A solidariedade ativa

A um dos credores solidários não pode o devedor opor as exceções pessoais oponíveis aos outros (art. 273). Trata-se de restrição à solidariedade. Se o devedor for cobrado por um dos credores, poderá opor exceção pessoal a ele, vale dizer, poderá argüir em sua defesa direitos contra o credor que o estiver cobrando. Não poderá porém defender-se perante ele opondo alguma exceção pessoal cabível a outros credores. Digamos que Modestino tenha uma dívida solidária com Ulpiano, Gaio e Paulo. Porém Modestino prestou um serviço a Paulo e tornou-se credor dele, ficando combinado entre ambos, Modestino e Paulo, que, por ocasião do pagamento as dívidas seriam compensadas. Se Paulo executar essa dívida, Modestino poderá opor sua defesa, invocando aquele compromisso entre ambos.

Entretanto, quem vai cobrar a dívida será Gaio. Modestino não poderá argüir em sua defesa o compromisso que havia entre ele e Paulo.

O julgamento contrário a um dos credores solidários não atinge os demais; o julgamento favorável aproveita-lhes a menos que se funde em exceção pessoal ao credor que o obteve (art. 274). Há neste caso efeitos de duas espécies, conforme a sentença judicial seja favorável ou desfavorável a algum dos credores. Surgem então duas hipóteses a serem examinadas numa relação creditória:

A – Ulpiano, Gaio e Paulo são credores de Modestino, que não pagou a dívida.

B – Os três cobram judicialmente, em conjunto, a dívida de Modestino.

C – Modestino opõe defesa à cobrança, alegando ter um crédito contra Paulo.

Esta é a relação creditória. Vejamos como fica a situação, conforme a sentença:

1ª hipótese: o juiz dá pela procedência da exceção (exceção é uma forma de defesa), vale dizer, dá sentença desfavorável a Paulo e favorável a Modestino.

A sentença desfavorável a Paulo não atinge Ulpiano e Gaio, que podem exigir de Modestino o pagamento integral, sem compensação.

2ª hipótese: o juiz dá pela improcedência da exceção, vale dizer, toma decisão favorável a Paulo, um dos credores.

O julgamento favorável a Paulo estende-se a Ulpiano e Gaio, que permanecem credores da dívida integral. Modestino não poderá destarte transferir a exceção de Paulo para Ulpiano e Gaio.

Contudo, o código diz que "a menos que se funde em exceção pessoal do credor que a obteve". Digamos que neste caso Modestino tenha oposto exceção contra Paulo, mas Paulo obteve ganho de causa. Os efeitos do julgamento favorável só a ele aproveita, mas não aos demais credores. Por exemplo: as verbas da sucumbência serão direito só de Paulo.

8.3. A solidariedade passiva

A solidariedade passiva acontece quando numa mesma dívida se integram vários devedores, em que cada um deles está obrigado à prestação na sua integridade. É como se cada devedor tivesse assumido sozinho a dívida inteira. Ao contrário da solidariedade ativa, rara e excepcional, a solidariedade passiva é normal e freqüente, e presumida na maioria das vezes. Enquanto a solidariedade ativa foi regulada por seis artigos (267 a 272), a solidariedade passiva consta em doze artigos (275 a 285).

O princípio geral da solidariedade passiva está expresso no art. 275, que repete o art. 267, isto é, ambos fazem a mesma afirmação. Segundo eles, na solidariedade passiva, o credor tem o direito a exigir e receber de um ou de alguns dos devedores, parcial, ou totalmente, a dívida comum. Em conseqüência, todos os devedores se obrigam a pagar a dívida toda a qualquer credor. Assim sendo, o credor pode exercer cobrança judicial contra um dos devedores, alguns ou contra todos eles.

Se falecer um dos devedores solidários (art. 276), ocorrerá fenômeno semelhante ao dos credores solidários, previsto no art. 270. Falecendo um devedor solidário, a dívida se transmite aos seus herdeiros. Estes, porém, obrigam-se apenas a pagar o seu quinhão e não toda a dívida herdada. Por exemplo: numa dívida solidária de R$ 9.000,00, com três devedores, falece um deles, deixando três filhos; a herança da dívida é de R$ 3.000,00.

Cada filho será obrigado apenas ao seu quinhão de R$ 1.000,00. Terão de pagar a dívida toda se ela for indivisível; se o devedor falecido tiver deixado um único herdeiro, não há o que dividir e, por isso, ele herdará a dívida por inteiro.

Se um devedor fizer pagamento parcial ao credor ou este conceder ao devedor remissão da dívida, este fica desonerado. Subsiste então o saldo da dívida, que poderá ser cobrado dos demais credores. Assim sendo, os não beneficiados pela remissão, ou que não tiverem participado do pagamento parcial, não deverão responder pelo total da dívida, mas apenas pela parte não paga (art. 277).

Segundo o art. 278, qualquer cláusula, condição ou obrigação adicional, estipulada entre um dos devedores solidários e o credor, não poderá agravar a posição dos outros, sem consentimento destes. Isto posto, se um devedor estabelece uma cláusula que aumente sua responsabilidade, poderá ela vir em benefício dos demais devedores; porém, se agravar a responsabilidade deles, essa cláusula só terá validade se contar com a aprovação dos outros credores. Assim sendo, não se comunicam os atos praticados por um co-devedor, prejudiciais aos outros, mas se comunicam os atos favoráveis.

O art. 279 cuida da eventualidade em que um devedor solidário se veja impossibilitado de cumprir uma prestação, mas por culpa dele mesmo. Impossibilitando-se a prestação por culpa de um dos devedores solidários, subsiste para todos o encargo de pagar o equivalente; mas pelas perdas e danos só responde o culpado. É bom ressaltar que este artigo prevê a inadimplência de uma obrigação, quando houver culpa de um dos credores solidários. Se não houver essa culpa, como, por exemplo, se a inadimplência se deu por caso fortuito ou de força maior, a obrigação se extingue.

Se, contudo, houve culpa de um dos devedores solidários, a solidariedade de todos se mantém e permanece a obrigação; assim, todos deverão pagar o equivalente a ela.

As possíveis perdas e danos só poderão, contudo, ser reclamadas contra o devedor culpado. É o que acontece no contrato de empreitada de uma unidade industrial, por exemplo. O responsável pelas ligações elétricas falha na sua prestação, impedindo que a unidade entre em operação no prazo previsto. Os demais empreiteiros solidários responsabilizam-se para o adimplemento do contrato. O credor, porém, poderá pedir reparação de danos, causados pelo atraso na entrega da obra. Neste caso, a reparação caberá apenas ao devedor inadimplente.

A questão mais complexa desse tema é a defesa do devedor solidário, réu numa ação, em que poderá apresentar exceção. Essa defesa pelas exceções foi prevista no art. 911. O devedor demandado pode opor ao credor as exceções que lhe forem pessoais e as comuns a todos, não lhe aproveitando, porém, as pessoais a outro co-devedor. Exemplo sugestivo de obrigações solidárias são as cambiárias, ou seja, as emergentes de um título de crédito. Numa nota promissória, por exemplo, podem existir várias obrigações, todas autônomas e solidárias: do emitente da nota promissória, do endossante ou de vários avalistas. Digamos que Ulpiano avalizou o emitente da nota promissória, Modestino. Não sendo paga no vencimento, o favorecido da nota promissória, Papiniano, aciona Ulpiano; este porém opõe exceção, alegando que a sua assinatura é falsa. Terá oposto uma exceção pessoal entre ambos: Ulpiano e Papiniano. Por outro lado, poderá opor exceção contra vício formal na nota promissória, alegando que não está escrito no título a expressão "nota promissória". Terá oposto então uma exceção comum. Por isso, diz o art. 911 que o devedor "pode opor ao credor as exceções que lhe forem *pessoais* e as *comuns a todos*". Se não constar naquele título a expressão "nota promissória", a exceção será "comum a todos", pois todos os devedores poderão opô-la.

Conforme fora dito, Ulpiano avalizava o emitente da nota promissória, o Modestino. Ao ser demandado, o avalista Ulpiano opõe exceção de que a assinatura de Modestino, seu avalizado, é falsa. Esta exceção é infundada, pois é pessoal a Modestino e não a Ulpiano. Se a assinatura de Ulpiano é legítima, subsiste a obrigação de este pagar.

A solidariedade é uma garantia que a lei concede ao credor, se este a deseja. Sendo um benefício legal disponível, poderá abrir mão dela. Por isso, o art. 282 diz que o credor pode renunciar à solidariedade em favor de um, alguns ou todos os devedores. Se o credor exonerar da solidariedade um ou mais devedores, aos outros só lhe ficará o direito de acionar, abatendo no débito a parte correspondente aos devedores, cuja obrigação remitir.

Pelo exposto, o credor pode conceder a um ou alguns dos devedores esse benefício, mas, por uma questão de eqüidade e segurança jurídica, deve considerar como se o devedor beneficiado tivesse pago parcialmente a dívida. Ao executá-la contra os demais devedores, só poderá fazê-lo pelo saldo. Se assim não fosse, poderia ensejar fraude contra os devedores. Por exemplo: Paulo, Gaio, Marciano e Pompônio são devedores solidários de Ulpiano. Paulo paga a Ulpiano a metade da dívida, mas, ao invés de dar um recibo, Ulpiano dispensa a solidariedade de Paulo. Executa os demais devedores pela dívida inteira e estes seriam obrigados a pagá-la, sem nada poderem fazer contra Paulo, já que este saiu da solidariedade. Nesse caso, Ulpiano, em conluio com Paulo, teria sobrecarregado e prejudicado os demais devedores.

Importante característica das obrigações solidárias é a sub-rogação do devedor que pagar a dívida, transformando-se em credor dos outros devedores. Se não lhe fosse concedido esse direito, seria ele prejudicado pela sua honestidade, enquanto os outros ter-se-iam enriquecido ilicitamente, ou, pelo menos, sem motivo. No direito cambiário, recebe o nome de direito de regresso e direito à ação regressiva ou reversiva. A sub-rogação é prevista no art. 259 e regulada pelos arts. 346 a 351 no capítulo denominado "Do pagamento com sub-rogação".

NOVO CÓDIGO CIVIL

Das Obrigações Solidárias

Seção I
Disposições Gerais

Art. 264. Há solidariedade, quando na mesma obrigação concorre mais de um credor, ou mais de um devedor, cada um com direito, ou obrigado, à dívida toda.

Art. 265. A solidariedade não se presume; resulta da lei ou da vontade das partes.

Art. 266. A obrigação solidária pode ser pura e simples para um dos co-credores ou co-devedores, e condicional, ou a prazo, ou pagável em lugar diferente, para o outro.

Seção II
Da Solidariedade Ativa

Art. 267. Cada um dos credores solidários tem direito a exigir do devedor o cumprimento da prestação por inteiro.

Art. 268. Enquanto alguns dos credores solidários não demandarem o devedor comum, a qualquer daqueles poderá este pagar.

Art. 269. O pagamento feito a um dos credores solidários extingue a dívida até o montante do que foi pago.

Art. 270. Se um dos credores solidários falecer deixando herdeiros, cada um destes só terá direito a exigir e receber a quota do crédito que corresponder ao seu quinhão hereditário, salvo se a obrigação for indivisível.

Art. 271. Convertendo-se a prestação em perdas e danos, subsiste, para todos os efeitos, a solidariedade.

Art. 272. O credor que tiver remitido a dívida ou recebido o pagamento responderá aos outros pela parte que lhes caiba.

Art. 273. A um dos credores solidários não pode o devedor opor as exceções pessoais oponíveis aos outros.

Art. 274. O julgamento contrário a um dos credores solidários não atinge os demais; o julgamento favorável aproveita-lhes, a menos que se funde em exceção pessoal ao credor que o obteve.

Seção III
Da Solidariedade Passiva

Art. 275. O credor tem direito a exigir e receber de um ou de alguns dos devedores, parcial ou totalmente, a dívida comum; se o pagamento tiver sido parcial, todos os demais devedores continuam obrigados solidariamente pelo resto.

Parágrafo único. Não importará renúncia da solidariedade a propositura de ação pelo credor contra um ou alguns dos devedores.

Art. 276. Se um dos devedores solidários falecer deixando herdeiros, nenhum destes será obrigado a pagar senão a quota que corresponder ao seu quinhão hereditário, salvo se a obrigação for indivisível; mas todos reunidos serão considerados como um devedor solidário em relação aos demais devedores.

Art. 277. O pagamento parcial feito por um dos devedores e a remissão por ele obtida não aproveitam aos outros devedores, senão até à concorrência da quantia paga ou relevada.

Art. 278. Qualquer cláusula, condição ou obrigação adicional, estipulada entre um dos devedores solidários e o credor, não poderá agravar a posição dos outros sem consentimento destes.

Art. 279. Impossibilitando-se a prestação por culpa de um dos devedores solidários, subsiste para todos o encargo de pagar o equivalente; mas pelas perdas e danos só responde o culpado.

Art. 280. Todos os devedores respondem pelos juros da mora, ainda que a ação tenha sido proposta somente contra um; mas o culpado responde aos outros pela obrigação acrescida.

Art. 281. O devedor demandado pode opor ao credor as exceções que lhe forem pessoais e as comuns a todos; não lhe aproveitando as exceções pessoais a outro co-devedor.

Art. 282. O credor pode renunciar à solidariedade em favor de um, de alguns ou de todos os devedores.

Parágrafo único. Se o credor exonerar da solidariedade um ou mais devedores, subsistirá a dos demais.

Art. 283. O devedor que satisfez a dívida por inteiro tem direito a exigir de cada um dos co-devedores a sua quota, dividindo-se igualmente por todos a do insolvente, se o houver, presumindo-se iguais, no débito, as partes de todos os co-devedores.

Art. 284. No caso de rateio entre os co-devedores, contribuirão também os exonerados da solidariedade pelo credor, pela parte que na obrigação incumbia ao insolvente.

Art. 285. Se a dívida solidária interessar exclusivamente a um dos devedores, responderá este por toda ela para com aquele que pagar.

9. DA CLÁUSULA PENAL

9.1. Conceito e efeitos
9.2. Modalidades de pena
9.3. Restrições e extinção da cláusula penal

9.1. Conceito e efeitos

Na assunção de obrigações, principalmente nos contratos, é comum inserir-se cláusula estabelecendo penalidade a qualquer das partes que inadimplir a obrigação assumida. É chamada de cláusula penal ou "stipulatio poene". Por exemplo: uma construtora que se obriga a entregar um imóvel construído, até certo dia, ficará penalizada com multa de 200 salários mínimos por dia, se não entregá-lo no prazo marcado. É acordo acessório e secundário; é chamada ainda de pena convencional, por ser de livre estipulação entre as partes.

Procura a lei facilitar as relações jurídicas decorrentes do inadimplemento de obrigação, para ambas as partes. Para a parte prejudicada, fica previsto o direito à indenização preestabelecida e mais ou menos orçada pelo inadimplemento da outra parte. Além disso, fica ela dispensada do ônus da prova dos possíveis danos, evitando discussões e recursos.

Para a parte inadimplente, sua obrigação de ressarcir fica já definida e ela sabe previamente o alcance de sua responsabilidade, não ficando submetida a surpresas.

A eqüidade fica também garantida, evitando que a cláusula penal se torne inócua ou injusta. Se, porventura, as circunstâncias posteriores desequilibrarem o valor da indenização, a lei abre o caminho para a revisão e solução em juízo, podendo as partes submeterem suas pretensões à apreciação judicial.

Esses efeitos da cláusula penal estão previstos também no "jus extra-neum", como se vê no art. 1.382 do Código Civil italiano:

Effetti della causola penale	Efeitos da cláusula penal
La causola, com cui si conviene che, in caso d'inadempimento o di ritardo nell' adempimento, uno dei contraenti è tenuto ad una determinata prestazione, há l'effetto di limitare il ressarcimento alla prestazione promesas. La pena è dovuta independentemente dalla prova del danno.	A cláusula com a qual se conveciona em caso de inadimplemento ou de atraso no adimplemento, um dos contraentes fica vinculado a determinada prestação, tem o efeito de limitar o ressarcimento à prestação prometida. A pena é devida independentemente da prova do dano.

Ficaram acima bem descritos os efeitos jurídicos da cláusula penal para ambas as partes. Por outro lado, ainda que o prejuízo exceda ao previsto na cláusula penal, não pode o credor exigir indenização suplementar se assim não foi convencionado.

Porém, se esse excedente tiver sido previsto na própria cláusula penal, o valor estabelecido prevalece, servindo como mínimo de indenização. Na hipótese de ter havido prejuízo além do que fora prevista na cláusula penal, o credor poderá exigir a indenização na justiça, cabendo-lhe o ônus da prova desse prejuízo. Com muita clareza esses efeitos são descritos no art. 1.152 do Código Civil francês:

Lorsque la convention porte que celui qui manquera de l'exécuter payera une certaine somme à titre de dommagens-interets, il ne peut alloué à l'autre partie une somme plus forte, ni moindre. Néamoins, le juge peut, même d'office, modérer ou augmenter la peine qui avait été convenue, si elle est manifestement excessive ou dérisoire. Toute stipulation contraire sera reputé non ecrite.	Quando a convenção estabelece que aquele que deixar de executá-la pagará certa soma a título de perdas e danos, não pode ser atribuída à outra parte soma maior nem menor. Contudo, o juiz pode, mesmo de ofício, moderar ou aumentar a pena que tinha sido convencionada, se ela for manifestamente excessiva ou diminuta. Toda estipulação em contrário será considerada como não escrita.

Nota-se então que a legislação dos três países completam-se na defesa desse instituto eficaz de valorização das obrigações assumidas pelas partes. O art. 412 de nosso Código segue a esteira dos demais. Procura mitigar os rigores da cláusula penal, limitando seus efeitos (*Es modus in rebus* = haja moderação nas coisas). Estabelece que o valor da cominação imposta na cláusula penal não pode exceder o da obrigação principal. Evita destarte massacrar o devedor inadimplente com pena leonina, embora respeite a aplicação da "stipulatio poene".

9.2. Modalidades de pena

A cláusula penal pode ser estipulada conjuntamente com a obrigação ou em ato posterior. Pode pois estar inserida no próprio contrato, ou estabelecida em lauda que será integrada no contrato. A pena convencional pode referir-se à inexecução completa da obrigação, à de alguma cláusula especial ou simplesmente à mora (art. 409). É possível então haver, num contrato, várias cláusulas penais; são as chamadas compensatórias. É possível ainda estabelecer multa pela mora, ou seja, mesmo que a obrigação tenha sido cumprida, provocará multa convencional, se for cumprida com atraso. É chamada, neste caso, de moratória.

Quanto à primeira ocorrência de cláusula penal compensatória, ou seja, quando se estipular a cláusula penal para o caso de total inadimplemento da obrigação, esta converter-se-á em alternativa a benefício do credor (art. 410). Abrem-se então duas opções para o credor: este pode exigir o cumprimento da obrigação ou o cumprimento da obrigação ou o cumprimento da cláusula penal. Recebendo a multa, o credor terá sido indenizado pelas perdas e danos, emergentes do inadimplemento do devedor. Vamos exemplificar esta questão:

Modestino celebra com Papiniano contrato de construção de uma casa, que deverá ficar pronta no dia 31.12.2003, havendo cláusula penal estatuindo que se essa casa não ficar pronta naquele dia, Modestino pagará multa de R$50.000,00.

Chegada aquela data, Modestino não construíra a casa, tendo havido pois total inadimplemento da obrigação por ele assumida, ficando sujeito à pena convencionada, ou seja, a de pagar a multa de R$50.000,00.

Todavia, Papiniano tem o benefício de opção quanto as medidas que lhe cabem. Poderá demandar contra Modestino, exigindo o pagamento da multa. Porém, poderá ainda exigir que Modestino cumpra a obrigação assumida, construindo a casa. A opção por uma eliminará a outra; o que não pode Papiniano é exigir que Modestino lhe pague a multa e construa a casa.

Quanto às outras duas ocorrências, isto é, quando se estipular a cláusula penal para o caso de mora, ou em segurança especial de outra cláusula determinada, terá o credor o arbítrio de exigir a satisfação da pena cominada, juntamente com o desempenho da obrigação principal (art. 411). Nesses dois casos não há propriamente opções para o credor, mas recurso a dois direitos. Destarte, se o devedor não cumprir sua obrigação no prazo previsto, ficando em mora, faculta-se ao credor exigir conjuntamente o cumprimento da obrigação e também o pagamento da multa.

Os arts. 414 e 415 prevêem situações diferentes quando houver obrigação complexa, ou seja, com vários devedores da mesma obrigação. Neste caso será preciso ver se a obrigação é divisível ou indivisível. As obrigações divisíveis e indivisíveis estão reguladas nos arts. 257 a 263 do Código Civil e fizemos estudo delas no Capítulo 7 deste compêndio.

Obrigação divisível

Se a obrigação for divisível, isto é, se puder ser dividida em tantas obrigações, iguais e distintas quanto os credores, cada devedor tem a sua parcela proporcional de responsabilidade. Se um dos devedores for inadimplente responderá ele pelo inadimplemento e não todos; só ele incorre em pena. Basta que um só dos devedores falhe no cumprimento da obrigação, para que todos incorram na pena prevista pela cláusula penal.

Todavia, o credor só pode demandar a multa total do devedor inadimplente; dos demais apenas a parcela que cabe a eles. Vamos exemplificar: Gaio, Paulo e Labeo, comprometeram-se a prestar serviços a Ulpiano, constando do contrato de prestação de serviços que, em caso de inadimplemento, seriam eles obrigado a indenizar Ulpiano em multa de R$15.000,00.

Gaio e Paulo cumpriram as obrigações assumidas, mas Labeo não. Nesse caso, Ulpiano demandará Labeo, exigindo a indenização total, vale dizer, R$15.000,00. Se Labeo não pagar, Ulpiano poderá exigir a indenização de Gaio e Paulo, mas não pelo total de R$15.000,00, como exige de Labeo. Gaio e Paulo só podem ser demandados pela proporcional de cada um deles: R$5.000,00 de Gaio e outro tanto de Paulo. Gaio e Paulo poderão todavia acionar Labeo, exigindo a reparação do que tiveram que pagar a Ulpiano.

Obrigação indivisível

Digamos porém que no contrato foi prevista obrigação divisível, como por exemplo, os três se comprometeram a fazer o serviço, ficando Gaio de executar a obra elétrica, Paulo a hidráulica, e Labeo a marcenaria. Labeo não cumpriu sua obrigação e portanto sujeitou-se aos rigores da cláusula penal; será cobrado por Ulpiano, respondendo pela sua parte, mas não pela parte dos outros.

Por seu turno, Gaio e Paulo cumpriram a obrigação; nenhuma responsabilidade cabe a eles. Ulpiano teve prejuízos parciais, que foram causados por Labeo e será ressarcido por ele, nada mais tendo a reclamar.

9.3. Restrições e extinção da cláusula penal

O momento em que se justifica a aplicação da cláusula penal está indicado no art. 408 de nosso Código: "incorre de pleno direito o devedor na cláusula penal, desde que culposamente deixe de cumprir a obrigação ou se constitua em mora". É a aplicação do princípio do "dies interpellat pro homine", segundo o qual quem assume obrigação a cumprir num determinado dia deverá manter a atenção sobre esse dia, planejando o exercício de seus direitos e de suas obrigações.

Entretanto, o art. 408 usa o termo "culposamente", o que nos obriga a pequena reflexão. Nosso Código antigo não usou essa expressão, como também não o usaram o Código italiano e o francês. O ônus da prova de ausência de culpa cabe ao devedor e essa culpa significa que o descumprimento da obrigação se deveu a motivo de força maior ou foi motivado por condições provocadas pela parte credora. Entretanto, será culpa do devedor se o inadimplemento tiver sido causado por fatores que caberia ao devedor removê-los.

Conforme a própria natureza, a cláusula penal é um pacto acessório à obrigação principal e dela depende. Nesses termos, a nulidade da obrigação importa a da cláusula penal. É a aplicação do princípio milenar de que "accessorium sequuntur suum principalem". Resolvida a obrigação, resolve-se a cláusula penal. Se a obrigação foi solvida, solvida está a cláusula penal; extinguiu-se o contrato, está extinta a cláusula penal. Por exemplo, proprietário celebra a venda de um terreno, mas a Prefeitura desapropria o imóvel vendido, transformando-o numa praça pública. É motivo suficiente para que esse contrato de compra e venda seja anulado; conseqüentemente está cancelada a cláusula penal.

É imperativa e irredutível a cláusula penal, dentro ainda do princípio "pacta sunt servanda". Para exigir a pena convencional não é necessário que o credor alegue prejuízo e nem pode o devedor eximir-se de cumpri-la, a pretexto de ser excessiva (art. 416). Presume-se ter havido prejuízo ao credor, se o devedor não cumpriu sua obrigação, incorrendo na cláusula penal. Esse critério, todavia, não é tão radical, apresentando aspectos em que a lei ou a justiça imponham restrições, como a prevista no art. 412, de que o valor da cominação imposta pela cláusula penal não pode exceder o da obrigação principal. Obedecida entretanto a obrigação, o pacto foi cumprido e portanto impõe-se a extinção da cláusula penal, pelos motivos já descritos.

Outra inovação foi introduzida pelo novo Código no parágrafo único do art. 416, significando restrição aos direitos do credor. Ainda que o prejuízo exceda ao previsto na cláusula penal, não pode o credor exigir indenização suplementar se assim não foi convencionado. Se não houvesse essa restrição haveria um "bis in idem", com as partes sendo submetidas a dupla sanção pela mesma falta.

É possível porém que tenha sido previsto na cláusula penal essa indenização extra. Neste caso, respeita-se o princípio do "pacta sunt servanda", mas a soma da cláusula penal valerá como mínimo de indenização e o valor do restante poderá ser demandado em juízo pelo credor, mas lhe cabe provar se os prejuízos ocorreram, e se a causa desses prejuízos foi efetivamente o inadimplemento do devedor.

NOVO CÓDIGO CIVIL

CAPÍTULO V
Da Cláusula Penal

Art. 408. Incorre de pleno direito o devedor na cláusula penal, desde que, culposamente, deixe de cumprir a obrigação ou se constitua em mora.

Art. 409. A cláusula penal estipulada conjuntamente com a obrigação, ou em ato posterior, pode referir-se à inexecução completa da obrigação, à de alguma cláusula especial ou simplesmente à mora.

Art. 410. Quando se estipular a cláusula penal para o caso de total inadimplemento da obrigação, esta converter-se-á em alternativa a benefício do credor.

Art. 411. Quando se estipular a cláusula penal para o caso de mora, ou em segurança especial de outra cláusula determinada, terá o credor o arbítrio de exigir a satisfação da pena cominada, juntamente com o desempenho da obrigação principal.

Art. 412. O valor da cominação imposta na cláusula penal não pode exceder o da obrigação principal.

Art. 413. A penalidade deve ser reduzida eqüitativamente pelo juiz se a obrigação principal tiver sido cumprida em parte, ou se o montante da penalidade for manifestamente excessivo, tendo-se em vista a natureza e a finalidade do negócio.

Art. 414. Sendo indivisível a obrigação, todos os devedores, caindo em falta um deles, incorrerão na pena; mas esta só se poderá demandar integralmente do culpado, respondendo cada um dos outros somente pela sua quota.

Parágrafo único. Aos não culpados fica reservada a ação regressiva contra aquele que deu causa à aplicação da pena.

Art. 415. Quando a obrigação for divisível, só incorre na pena o devedor ou o herdeiro do devedor que a infringir, e proporcionalmente à sua parte na obrigação.

Art. 416. Para exigir a pena convencional, não é necessário que o credor alegue prejuízo.

Parágrafo único. Ainda que o prejuízo exceda ao previsto na cláusula penal, não pode o credor exigir indenização suplementar se assim não foi convencionado. Se o tiver sido, a pena vale como mínimo da indenização, competindo ao credor provar o prejuízo excedente.

10. EFEITOS DAS OBRIGAÇÕES

Consoante tudo o que já fora visto, a obrigação estabelece um vínculo entre duas partes, uma sendo a devedora e a outra a credora. Surgem entre elas um direito e um dever: para o devedor o dever de adimplir uma prestação e para o credor o direito de exigir a prestação. São os efeitos primordiais das obrigações: vincular as partes, impondo a elas um dever e um direito. Dessa força vinculatória surgem outros ainda: se a prestação ficar inadimplida, acarretará sanções ao devedor; se for cumprida haverá a sua liberação.

Os efeitos das obrigações abrangem pois as conseqüências do cumprimento ou não delas. Envolvem os vários modos de adimplemento, desonerando então o devedor. Em aspecto contrário, cuidam das variadas formas de sanção e dos recursos do credor para fazer valer seus direitos, em caso de inadimplemento.

A obrigação, não sendo personalíssima, opera assim entre as partes, como entre os seus herdeiros. Personalíssima é a obrigação que só pode ser cumprida pelo devedor, insuscetível de transferência. Digamos que uma empresa contrate com a IBM a implantação de um sistema computadorizado; só essa devedora poderá cumprir a prestação, já que é detentora da tecnologia adquirida pelo credor. Um paciente contrata uma operação com um médico de sua confiança, mas este morre. A obrigação não poderia ser transmitida aos filhos do médico. O mesmo ocorre com o mandato outorgado por um cliente ao seu advogado. A obrigação do advogado é personalíssima, pois só ele poderá cumpri-la. Se o advogado falecer, não será possível que seus sucessores herdem essa obrigação.

As demais obrigações transmitem-se tanto aos sucessores do sujeito ativo quanto do passivo. Uma dívida pecuniária, por exemplo, caso o devedor venha a falecer, transmite-se aos herdeiros dele, podendo o credor cobrá-la do espólio. O mesmo ocorre com o credor; se ele falecer, o crédito não morre com ele, mas poderá ser cobrado por seus sucessores.

Outra disposição de ordem geral está prevista no art. 439 e diz respeito à participação de um terceiro no vínculo obrigacional. Ocorre quando alguém se compromete a conseguir um determinado ato a ser praticado por terceira pessoa. Assume assim uma obrigação de fazer, isto é, de conseguir a adesão de um terceiro. Por exemplo: a empresa Sigma Ltda. compromete-se com Ipsilon Ltda. a montar uma unidade industrial, com maquinaria fornecida por Rota Ltda. Todavia, Rota Ltda. não consegue fornecer a maquinaria; a inadimplência não é sua, porquanto não se comprometeu a fornecê-la a Ipsilon Ltda. A inadimplência é pois de

Sigma Ltda., que não conseguiu o que prometera. Nesse caso, o credor da obrigação, ou seja, Ipsilon Ltda., poderá pedir reparação de danos, uma vez que não lhe será possível exigir o cumprimento da obrigação.

11. DO PAGAMENTO

11.1. Aspectos conceituais
11.2. De quem deve pagar
11.3. Daqueles a quem se deve pagar
11.4. Do objeto do pagamento e sua prova
11.5. Do lugar do pagamento
11.6. Do tempo do pagamento

11.1. Aspectos conceituais

É por demais vulgarizado o brocardo jurídico *pacta sunt servanda* (as obrigações são para serem cumpridas). Quando nasce, a obrigação já está fadada à sua extinção, à sua *solutio*. O meio natural da solução do vínculo obrigacional é o pagamento, assim considerado o cumprimento da obrigação pelo devedor. O pagamento satisfaz o credor e libera o devedor.

Vulgarmente, interpreta-se como pagamento o cumprimento de uma prestação pecuniária, ou seja, pagamento em dinheiro. Não tem entretanto esse sentido estrito; o pagamento é o cumprimento de qualquer tipo de obrigação: de dar, de fazer, ou de não fazer. Não é, pois, em sentido figurado que se diz que um delinqüente "pagou sua dívida para com a sociedade", ao cumprir a pena de prisão.

Bastante complexa é a questão do pagamento e da extinção da dívida, tanto que a questão está regulamentada em vários diplomas legais, inclusive no Código Civil. O Código Civil regula o assunto nos arts. 304 a 333, componentes do capítulo chamado "Do Pagamento".

11.2. De quem deve pagar

O primeiro aspecto previsto pela lei é quanto à pessoa que deverá pagar a dívida, desde que não seja personalíssima, caso em que o pagamento é imposto só ao devedor. Examinemos porém uma dívida pecuniária, em que não só o devedor pode extingui-la com o pagamento, mas também um terceiro. A solução ou pagamento feito por um terceiro desobriga o devedor, a menos que o devedor tivesse interesse em que o pagamento não fosse feito. Nesse caso, poderia o devedor ilidir o recebimento pelo credor e o pagamento do terceiro poderá ser julgado indevido e incompletamente feito. A faculdade de pagamento de uma dívida por terceiro interessado nesse pagamento é prevista pelo art. 304 do Código Civil. Tem ele, inclusive, se o credor se opuser ao pagamento, o direito de usar dos meios conducentes à exoneração do devedor, como se o terceiro fosse o próprio devedor.

Vamos encontrar porém diversos tipos de terceiros. O primeiro deles é o chamado "interessado": é aquele que tem interesse jurídico no pagamento, vale dizer, que está ligado à dívida, de alguma forma. Assim, por exemplo, é o fiador de um contrato de locação, o avalista de uma nota promissória, o sócio de uma sociedade mercantil, e outros parecidos. Têm eles legítimo interesse na solução da dívida, no cumprimento da obrigação. É a eles que se refere o art. 304 do Código Civil, mas seu parágrafo único enquadra como interessado o não-interessado que fizer o pagamento em nome do devedor. O interessado, ao pagar a dívida, sub-roga-se nos direitos creditórios, colocando-se na mesma posição do antigo credor.

Examinemos agora a situação do não-interessado, ou seja, quem não estiver juridicamente ligado à dívida, mas ligado apenas afetivamente. Pode ele pagar a dívida em seu nome e o credor é obrigado a receber. Poderá o credor recusar-se, se houver justo motivo, como se houver um pacto entre credor e devedor, vedando interferência de terceiros. Pagando porém a dívida em seu próprio nome, o terceiro não interessado tem direito a reembolsar-se do que pagar (art. 305).

Todavia, o não-interessado não se sub-roga nos direitos do credor. Procura a lei evitar que terceiro não ligado à dívida colha benefícios indevidos, faça especulação ou exerça pressão sobre o devedor para conseguir proveitos extras. Estabelece ainda o parágrafo único do art. 305 que, se o terceiro não interessado pagar a dívida antes do vencimento, só terá direito ao reembolso no vencimento.

Digamos entretanto que o devedor tenha justos motivos para opor-se a que o pagamento seja feito por terceiro e, mesmo assim, o pagamento é feito. Nesse caso, não será o devedor obrigado a reembolsar o *solvens* (o terceiro que tenha pago), senão até a importância em que lhe aproveite (art. 306). Por exemplo: Alfa Ltda. e Beta Ltda. têm uma conta corrente entre si. Alfa Ltda. tem a pagar a Beta Ltda. uma dívida de R$ 10.000,00, e não têm numerário para adimplir essa obrigação, mas tem um crédito de R$ 4.000,00 contra Beta Ltda. Um terceiro atravessa esse vínculo e paga a dívida de Alfa Ltda.; esta porém só se obrigará a reembolsar o terceiro pelo saldo, ou seja, R$ 6.000,00. O pagamento feito por terceiro não pode causar prejuízo ao devedor ou prejudicar seus direitos.

O art. 307 prevê a capacidade de quem paga, se o pagamento implicar na transmissão da propriedade de uma coisa. Muitos casos ocorrem em que o adimplemento de uma obrigação implique na transferência do domínio de um bem móvel ou imóvel. É o caso da obrigação decorrente de uma venda ou de uma dação em pagamento. O adimplemento de uma obrigação desse tipo só poderá ser feito por uma pessoa física ou jurídica que tenha capacidade para alienar o bem, além da capacidade genérica para os atos jurídicos. Digamos que um devedor pague dívida com a dação em pagamento de certos bens que não lhe pertencem. Sendo assim, só valerá o pagamento que importar em transmissão da propriedade, quando feito por quem possa alienar o objeto, em que ele consistiu (art. 307).

O parágrafo único desse artigo prevê entretanto o caso em que o pagamento tivesse sido feito com coisas fungíveis, como o dinheiro; o credor poderá tê-lo consumido, agindo como se dono dele fosse, um *verus dominus*. Não se poderá então obrigar o *accipiens* a devolvê-lo, a menos que tenha agido comprovadamente de má-fé.

11.3. Daqueles a quem se deve pagar

Examinamos já a situação de quem deve pagar, o *solvens*. Vamos agora ao *accipiens*, o credor, aquele a quem se deve pagar. O pagamento só é válido sendo feito ao próprio credor, ou a pessoa por ele competentemente autorizada para receber. Essa disposição é seguida pelo art. 308 do Código Civil: o pagamento deve ser feito ao credor ou a quem de direito o represente, sob pena de só valer depois de por ele ratificado, ou tanto quanto reverter em seu próprio proveito. É pois o credor o pólo ativo da relação obrigacional.

É possível que o pagamento seja feito a quem juridicamente represente o credor. Ocorrência muito comum é a da duplicata entregue para cobrança em banco, em agência de cobranças ou advogados. Muitos débitos são pagos a um representante comercial autônomo, ao vendedor ou ao cobrador de uma empresa, ou qualquer outro representante legítimo. Digamos ainda que uma pessoa se apresente ao devedor, exibindo o recibo regularmente lavrado pelo credor: considera-se autorizado a receber o pagamento o portador da quitação, exceto se as circunstâncias contrariarem a presunção daí resultante (art. 311). São pagamentos feitos a um representante do credor, legal, judicial ou convencional.

Válido ainda é o pagamento de boa-fé ao credor putativo. Putativo é o credor reputado como tal, aquele que se apresenta como verdadeiro credor. Tem sentido semelhante ao de um casamento putativo, isto é, o casamento com aparência de verdadeiro, embora não o seja. É o caso também do portador de um título de crédito, do herdeiro de um credor falecido. Se não for respeitada essa aparência evidente, seria preciso que o devedor mandasse fazer uma investigação a cada pagamento ou exigisse o contrato social de uma empresa quando fizesse pagamento a ela.

Emperraria a marcha dos negócios. Por isso, assegura o art. 309 que o pagamento feito de boa-fé ao credor putativo é válido, ainda provando-se depois que não era credor.

Uma exceção, entretanto, está prevista no art. 310. É o pagamento feito a credor incapaz de dar quitação, ainda que seja credor real e não apenas aparente. É o caso de uma empresa falida e, se for pessoa física, um menor ou incapaz. Há possibilidade de o pagamento ser validado, desde que o credor incapaz se recuse a reparar o dano e fique comprovado que o pagamento tenha vindo realmente em benefício do credor incapaz. Não seria justo que o credor incapaz se enriquecesse com dois pagamentos, em detrimento do devedor, que pagará duas vezes uma mesma dívida ao mesmo credor.

Equipara-se ainda ao credor incapaz o pagamento feito a quem não representa de direito o credor. Se ficar provado que o pagamento reverteu em benefício do credor verdadeiro, mesmo sendo feito a representante não autorizado, poderá ele ser validado, por analogia com o art. 310. Caberá o ônus da prova ao devedor imprudente. Por essa razão, surgiu uma trova no direito francês, com paródia no brasileiro:

Qui doit a Lucien	Quem deve a João
Et paye à François,	e paga a Ademar,
Paye une autre fois.	que torne a pagar.

Outro pagamento delicado é previsto no art. 312 do Código Civil. É o caso de um crédito que tiver sido penhorado ou sofra um outro gravame. Por exemplo: um credor tem um crédito contra um seu devedor; entretanto, o credor deve a um terceiro, sendo esse crédito penhorado. A penhora retira do credor o seu direito de receber e dela deve ser intimado o devedor, que fica assim ciente desse impedimento. Mesmo assim, o devedor paga a dívida ao credor, em vez de depositar o valor dela em juízo.

Os atos de disposição de bens penhorados, seqüestrados ou com outros gravames são ineficazes. Nessas condições, o devedor deverá pagar novamente, pois não ficou liberado da dívida. É princípio já assentado também no Direito Processual. O nosso Código Civil deixou-o bastante claro no art. 312: se o devedor pagar ao credor, apesar de intimado da penhora feita sobre o crédito, ou da impugnação a ele oposta por terceiro, o pagamento não valerá contra estes, que poderão constranger o devedor a pagar de novo, ficando-lhe, entretanto, salvo o regresso contra o credor. Assim sendo, o devedor fará novo pagamento, em benefício do credor do credor; por outro lado, poderá exigir do seu credor a devolução do que este recebeu indevidamente.

11.4. Do objeto do pagamento e sua prova

Pagamento não se presume, mas se prova. Por isso, o devedor que paga uma dívida tem o direito de exigir sua quitação regular, como prova do adimplemento de sua obrigação. Pode inclusive reter o pagamento, enquanto a quitação não lhe for dada (art. 319 do Código Civil). A quitação consta do recibo, um documento escrito, em que constará o valor e a espécie da dívida quitada, o nome do devedor, ou de quem por este pagou, o tempo e o lugar do pagamento, com a assinatura do credor ou de seu representante (art. 320). Em princípio, o pagamento de dívida pecuniária deverá ser feito em dinheiro, mas poderá ser feito em cheque, devendo constar no recibo as características do mesmo. Se for pagamento em cheque, este será recebido não *pro soluto* mas *pro solvendo,* isto é, ao ser pago o cheque será considerada quitada a dívida.

Se o credor recusar-se a dar o recibo regular, como manda a lei, ficará em mora, pois deixará de cumprir uma obrigação de fazer. Nesse caso, poderá o devedor pagar a dívida judicialmente, depositando seu valor em juízo, com o uso da Ação de Consignação de Pagamento, regulada pelo Código de Processo Civil. Portanto, recusando o credor a quitação, ou não a dando na devida forma, pode o devedor citá-lo para esse fim, e ficará quitado pela sentença que condenar o credor.

Características especiais terá o pagamento de um título de crédito, como a nota promissória e a letra de câmbio. A entrega do título ao devedor firma a presunção do pagamento (art. 324). Com efeito, o título incorpora em si o próprio direito creditório e, ao entregá-lo ao devedor, o credor não tem mais o comprovante de seu crédito. Contudo, a legislação cambiária concede ao devedor o direito de exigir também o recibo, que deverá ser passado no próprio título. Esse direito do devedor, de exigir que um título lhe seja entregue com a respectiva quitação, está ainda previsto no art. 39 da Convenção de Genebra, que adotou a Lei Uniforme em matéria de letras de câmbio e notas promissórias. A Lei Uniforme foi transformada em lei nacional, pelo Decreto 57.663/66.

Delicado problema surge se o credor não puder apresentar o título por ter sido ele extraviado. Nos débitos, cuja quitação consiste na devolução do título, perdido este, poderá o devedor exigir, retendo o pagamento, declaração do credor, que inutilize o título sumido (art. 321). Essa declaração deve ser feita em publicação, de tal forma que possa ser público e notório o desaparecimento do título. Em nossa opinião, a real segurança do pagamento só será conseguida se o credor empreender ação judicial de anulação do título. Nessas condições, a publicação do desaparecimento será feita por edital. Ou então, poderá o devedor mover ação de consignação de pagamento. Só a justiça poderá declarar nulo um título de crédito, não tendo o credor esse condão.

O art. 322 expõe a situação de uma obrigação a ser cumprida em várias etapas. Quando o pagamento for em quotas periódicas, a quitação da última estabelece, até prova em contrário, a presunção de estarem solvidas as anteriores. Assim, por exemplo, num contrato de locação, se o locador deu recibo do mês de fevereiro, presume-se que já tenha recebido o mês de janeiro, a menos que haja prova em contrário.

11.5. Do lugar do pagamento

As obrigações se constituem para serem adimplidas numa determinada época e num determinado lugar. Por essa forma, num contrato de compra e venda, o vendedor terá de entregar o bem vendido num determinado lugar e o comprador deverá pagá-lo no local convencionado. A legislação que regula os títulos de crédito exige que neles constem o local do pagamento e o local da emissão, como requisitos essenciais. O locatário de um imóvel deverá pagar o aluguel num banco, no domicílio do locador, ou aguardar a cobrança no próprio domicílio, conforme for convencionado no contrato.

Não havendo combinação prévia sobre o local do pagamento, a regra natural é a de que deva ser o domicílio do devedor. Essa norma fora já estabelecida no século passado, quando o art. 430 de nosso Código Comercial (de 1850) estabeleceu que na falta de ajuste de lugar deve ser feito o pagamento no domicílio do devedor. É um princípio lógico: o credor tem interesse em receber e por isso deve exigir do devedor o adimplemento da obrigação, procurando-o onde quer que se encontre. Por outro lado, o devedor inadimplente poderia alegar que o credor lhe criou dificuldades para ser localizado. Esse critério é também adotado pela lei civil.

Nessa esteira, segue também o Código Civil, dizendo no art. 327 que efetuar-se-á o pagamento no domicílio do devedor, salvo se as partes convencionarem diversamente, ou se o contrário dispuserem as circunstâncias, a natureza da obrigação ou a lei. A regra é pois a do pagamento "quesível" (do francês *quérable* ou do italiano *chiedibile),* ou seja, pagamento no domicílio do devedor. Porém, o próprio art. 327 abre várias exceções: uma delas é a já referida, em que o devedor e o credor ajustarem lugar diverso do domicílio do devedor. É o pagamento "portável" (do francês *portable* ou do italiano *portabile).*

Quanto às outras três exceções, ou seja, se as circunstâncias dispuserem, a natureza da obrigação, ou a lei, há necessidade de uma análise mais profunda. Casos em que a lei obriga o pagamento num determinado local são os referentes aos créditos tributários e outras obrigações fiscais ou parafiscais. Os impostos devem ser pagos em determinados bancos ou em certos órgãos oficiais. As contribuições à Seguridade Social têm seus locais determinados pela lei. Examinaremos casos em que a natureza das obrigações forçam o cumprimento delas em determinado lugar. Num contrato de trabalho o empregado é obrigado a trabalhar no domicílio do empregador e este é obrigado a fazer o pagamento do salário no mesmo domicílio. A compra de bens em leilão público deve ser paga no local do leilão, com depósito em juízo.

Segundo o parágrafo único do art. 327 designados dois ou mais lugares, cabe ao credor a escolha entre eles. Não esclarece esse artigo quem designou vários lugares: se uma convenção entre as partes, a lei, e o credor ou devedor. Aplicado de forma radical, o devedor poderá ser prejudicado, podendo o credor submetê-lo a local de difícil acesso. É o que acontece com os delitos tributários, em que o devedor é submetido a filas imensas.

Outra exigência radical e obscura está prevista no art. 328: se o pagamento consistir na tradição de um imóvel, ou em prestações relativas a imóvel, far-se-á no lugar onde este se acha. A venda de um imóvel localizado em Alagoas pode ser feita num cartório de São Paulo e a tradição se faz simbolicamente pelas chaves desse imóvel, sem necessidade de ser feita no lugar em que o imóvel se acha. Obscura também é a expressão "prestações relativas a imóvel"; digamos que se refiram às prestações de um imóvel vendido para pagamento fracionado: o pagamento dessas frações não precisa ser feito no local do imóvel. Tampouco se aplica esse critério se se referirem a pagamentos do aluguel.

Ocorrendo motivo grave para que não se efetue o pagamento no lugar determinado, poderá o devedor fazê-lo em outro, sem prejuízo para o credor (art. 329). Muitos pagamentos são feitos em agência bancária, em que o credor tenha conta e entregue a essa agência o boleto para o pagamento. É possível que o devedor esteja com dificuldade para se locomover até aquela agência, como acontece em São Paulo, com inundações ou atravancamento de trânsito. Poderá ele pagar em outra agência do mesmo banco, o que não causará prejuízos ao credor. É também o caso em que o devedor está ausente da cidade em que deverá pagar: poderá depositar o valor na C/C bancária do credor, procurando informá-lo da ocorrência.

O pagamento reiteradamente feito em outro local faz presumir renúncia do credor relativamente ao previsto no contrato (art. 330). O credor já se acostumou a ser pago em lugar diverso do combinado, motivo pelo qual não será pego de surpresa.

11.6. Do tempo do pagamento

Conforme se falou, uma obrigação deve ser adimplida num determinado lugar e num determinado tempo. Repele o direito obrigações eternas; elas têm um termo, ou seja, o dia em que o credor poderá exigir o pagamento. Ao devedor esse termo é importante, pois não pode ele ficar exposto a surpresas. A obrigação não pode ser, portanto, *sine die,* mas terá um vencimento. Se não estiver previsto um vencimento, o pagamento será à vista. Desse modo, a LUG – Lei Uniforme de Genebra – sobre a letra de câmbio e a nota promissória estabelece, no art. 2.º, que a letra em que se não indique a época do pagamento entende-se pagável à vista.

Segundo o art. 331, salvo disposição especial existente no próprio Código Civil e não tendo sido ajustada época para o pagamento, o credor pode exigi-lo imediatamente. Segue portanto o mesmo critério, sendo repetido por outros dispositivos. Em suma, desde que uma obrigação não tenha um vencimento, entende-se que deva ser cumprida de imediato; tendo porém um vencimento, não poderá o credor exigir o adimplemento nem o devedor retardá-lo.

Há entretanto obrigações que devem ser cumpridas após o implemento de uma condição. As obrigações condicionais cumprem-se na data do implemento da condição, incumbida ao credor a prova de que houve ciência o devedor (art. 332). As condições são impostas geralmente pelo contrato ou pela lei e são muitas suas aplicações. Entretanto, como exemplo sugestivo, podemos citar a condição implícita no contrato de alienação fiduciária. Esse contrato foi descrito em nossa obra *Dos Contratos Civis-Mercantis em Espécie,* mas podemos falar levemente sobre essa importante aplicação da obrigação condicional.

No contrato de alienação fiduciária, o comprador de um bem móvel durável, financiado por uma sociedade financeira, aliena esse bem à financiadora, transferindo-lhe o domínio. O adquirente do bem financiado só fica na posse dele, mas adquirirá o direito de propriedade só se pagar a última prestação do financiamento: é a condição imposta para a aquisição da propriedade do bem. Implementada essa condição, o financiador (fiduciário) fica obrigado a transferir o domínio do bem ao adquirente (fiduciário).

As exceções foram previstas pelo art. 333. São alguns casos em que assistirá ao credor o direito de cobrar a dívida antes de vencido o prazo, seja constante no acordo entre as partes, seja previsto pela lei. Estão as três exceções expostas em três incisos do art. 333. O primeiro deles é o do credor que for submetido ao concurso creditório. Se for decretada a falência do devedor, o credor poderá cobrar antecipadamente, pois a sentença da falência provoca o vencimento antecipado de todas as dívidas da empresa falida. Outra situação em que se abre concurso creditório está prevista nos arts. 748 e seguintes do Código de Processo Civil: o instituto da "insolvência civil". É raríssima sua aplicação, mas já aplicado várias vezes no foro de São Paulo. Tem esse instituto algumas semelhanças com o da falência mas não se aplica às empresas mercantis, porém a pessoas físicas ou sociedades civis. Decretada a insolvência civil, os credores ocorrem imediatamente ao concurso creditório, pois o insolvente tem suas dívidas antecipadamente vencidas.

O inciso II do art. 333 aponta vários casos em que o credor poderá antecipar a cobrança da dívida não vencida. É quando uma dívida esteja garantida por garantia real: penhor, hipoteca ou anticrese. É possível que as garantias reais sofram penhora em processos de execução movida por outros credores do devedor. Nesse caso, o credor pignoratício ou anticrético poderá exigir o pagamento antecipado da dívida, uma vez que sua garantia se diluiu. O inciso III prevê casos mais ou menos semelhantes. As dívidas garantidas por garantia real, ou então fidejussória (fiança ou aval), poderão ter essa garantia atenuada, tornando-se insuficiente. Nesse caso, o credor poderá pedir uma substituição ou reforço de garantia. Se o devedor negar-se a substituir ou reforçar as garantias enfraquecidas, o credor poderá então exigir a solução da dívida. O parágrafo único do art. 333 estabelece porém que não se vencerá a dívida, nesses casos, para os co-devedores solidários, se esses forem solventes.

NOVO CÓDIGO CIVIL

Do Pagamento

Seção I
De Quem Deve Pagar

Art. 304. Qualquer interessado na extinção da dívida pode pagá-la, usando, se o credor se opuser, dos meios conducentes à exoneração do devedor.
Parágrafo único. Igual direito cabe ao terceiro não interessado, se o fizer em nome e à conta do devedor, salvo oposição deste.
Art. 305. O terceiro não interessado, que paga a dívida em seu próprio nome, tem direito a reembolsar-se do que pagar; mas não se sub-roga nos direitos do credor.
Parágrafo único. Se pagar antes de vencida a dívida, só terá direito ao reembolso no vencimento.
Art. 306. O pagamento feito por terceiro, com desconhecimento ou oposição do devedor, não obriga a reembolsar aquele que pagou, se o devedor tinha meios para ilidir a ação.
Art. 307. Só terá eficácia o pagamento que importar transmissão da propriedade, quando feito por quem possa alienar o objeto em que ele consistiu.
Parágrafo único. Se se der em pagamento coisa fungível, não se poderá mais reclamar do credor que, de boa-fé, a recebeu e consumiu, ainda que o solvente não tivesse o direito de aliená-la.

Seção II
Daqueles a Quem se Deve Pagar

Art. 308. O pagamento deve ser feito ao credor ou a quem de direito o represente, sob pena de só valer depois de por ele ratificado, ou tanto quanto reverter em seu proveito.

Art. 309. O pagamento feito de boa-fé ao credor putativo é válido, ainda provado depois que não era credor.

Art. 310. Não vale o pagamento cientemente feito ao credor incapaz de quitar, se o devedor não provar que em benefício dele efetivamente reverteu.

Art. 311. Considera-se autorizado a receber o pagamento o portador da quitação, salvo se as circunstâncias contrariarem a presunção daí resultante.

Art. 312. Se o devedor pagar ao credor, apesar de intimado da penhora feita sobre o crédito, ou da impugnação a ele oposta por terceiros, o pagamento não valerá contra estes, que poderão constranger o devedor a pagar de novo, ficando-lhe ressalvado o regresso contra o credor.

Seção III
Do Objeto do Pagamento e Sua Prova

Art. 313. O credor não é obrigado a receber prestação diversa da que lhe é devida, ainda que mais valiosa.

Art. 314. Ainda que a obrigação tenha por objeto prestação divisível, não pode o credor ser obrigado a receber, nem o devedor a pagar, por partes, se assim não se ajustou.

Art. 315. As dívidas em dinheiro deverão ser pagas no vencimento, em moeda corrente e pelo valor nominal, salvo o disposto nos artigos subseqüentes.

Art. 316. É lícito convencionar o aumento progressivo de prestações sucessivas.

Art. 317. Quando, por motivos imprevisíveis, sobrevier desproporção manifesta entre o valor da prestação devida e o do momento de sua execução, poderá o juiz corrigi-lo, a pedido da parte, de modo que assegure, quanto possível, o valor real da prestação.

Art. 318. São nulas as convenções de pagamento em ouro ou em moeda estrangeira, bem como para compensar a diferença entre o valor desta e o da moeda nacional, excetuados os casos previstos na legislação especial.

Art. 319. O devedor que paga tem direito a quitação regular, e pode reter o pagamento, enquanto não lhe seja dada.

Art. 320. A quitação, que sempre poderá ser dada por instrumento particular, designará o valor e a espécie da dívida quitada, o nome do devedor, ou quem por este pagou, o tempo e o lugar do pagamento, com a assinatura do credor, ou do seu representante.

Parágrafo único. Ainda sem os requisitos estabelecidos neste artigo valerá a quitação, se de seus termos ou das circunstâncias resultar haver sido paga a dívida.

Art. 321. Nos débitos, cuja quitação consista na devolução do título, perdido este, poderá o devedor exigir, retendo o pagamento, declaração do credor que inutilize o título desaparecido.

Art. 322. Quando o pagamento for em quotas periódicas, a quitação da última estabelece, até prova em contrário, a presunção de estarem solvidas as anteriores.

Art. 323. Sendo a quitação do capital sem reserva dos juros, estes presumem-se pagos.

Art. 324. A entrega do título ao devedor firma a presunção do pagamento.

Parágrafo único. Ficará sem efeito a quitação assim operada se o credor provar, em sessenta dias, a falta do pagamento.

Art. 325. Presumem-se a cargo do devedor as despesas com o pagamento e a quitação; se ocorrer aumento por fato do credor, suportará este a despesa acrescida.

Art. 326. Se o pagamento se houver de fazer por medida, ou peso, entender-se-á, no silêncio das partes, que aceitaram os do lugar da execução.

Seção IV
Do Lugar do Pagamento

Art. 327. Efetuar-se-á o pagamento no domicílio do devedor, salvo se as partes convencionarem diversamente, ou se o contrário resultar da lei, da natureza da obrigação ou das circunstâncias.

Parágrafo único. Designados dois ou mais lugares, cabe ao credor escolher entre eles.

Art. 328. Se o pagamento consistir na tradição de um imóvel, ou em prestações relativas a imóvel, far-se-á no lugar onde situado o bem.

Art. 329. Ocorrendo motivo grave para que se não efetue o pagamento no lugar determinado, poderá o devedor fazê-lo em outro, sem prejuízo para o credor.

Art. 330. O pagamento reiteradamente feito em outro local faz presumir renúncia do credor relativamente ao previsto no contrato.

Seção V
Do Tempo do Pagamento

Art. 331. Salvo disposição legal em contrário, não tendo sido ajustada época para o pagamento, pode o credor exigi-lo imediatamente.

Art. 332. As obrigações condicionais cumprem-se na data do implemento da condição, cabendo ao credor a prova de que deste teve ciência o devedor.

Art. 333. Ao credor assistirá o direito de cobrar a dívida antes de vencido o prazo estipulado no contrato ou marcado neste Código:

I - no caso de falência do devedor, ou de concurso de credores;

II - se os bens, hipotecados ou empenhados, forem penhorados em execução por outro credor;

III - se cessarem, ou se se tornarem insuficientes, as garantias do débito, fidejussórias, ou reais, e o devedor, intimado, se negar a reforçá-las.

Parágrafo único. Nos casos deste artigo, se houver, no débito, solidariedade passiva, não se reputará vencido quanto aos outros devedores solventes.

12. DA MORA

12.1. Conceito de mora
12.2. Mora do devedor
12.3. Mora do credor
12.4. Purgação da mora
12.5. Mora nas obrigações mercantis

12.1. Conceito de mora

A mora tem o sentido de demora, de atraso, de retardamento. É o não-cumprimento da obrigação no seu vencimento, nos termos em condições pactuadas. A mora é imputável tanto ao credor como ao devedor. Por isso, diz o art. 394 que se considera em mora o devedor que não efetuar o pagamento, e o credor que não o quiser receber no tempo, lugar e forma convencionados. Há pois dois tipos de mora: mora do devedor *(mora debitoris)* e do credor *(mora creditoris)*.

Trata-se de um atraso no cumprimento de uma prestação. Comum às duas modalidades de mora é a existência de uma obrigação vencida e ainda possível de ser cumprida. Não são objeto de mora certas obrigações previstas, como obrigações de não fazer e outras obrigações previstas para determinado período. Quem faz o que não poderia fazer não fica em mora mas em absoluto inadimplemento.

Revela-se a mora de duas maneiras, de acordo com o tipo de obrigações. Seguindo esse critério, para certas obrigações, dá-se a *mora ex persona,* que se inicia com a intimação, notificação ou protesto. Outras há em que se dispensa aviso, denominada *mora ex re,* como acontece normalmente nas obrigações portáveis. Se o devedor deve procurar o credor para solver uma obrigação, pressupõe-se que deve saber qual o dia da *solutio*.

Existem certos pressupostos para a mora. Um deles é que a dívida esteja vencida. Aspecto discutível é o de que a intimação possa ser emitida antes do vencimento. É o que normalmente fazem os bancos, enviando um "aviso de vencimento" *ante tempus,* colocando ciente o devedor de que em determinado dia deverá cumprir a obrigação. Outro pressuposto é o de que a obrigação seja líquida e certa. Tradicionalmente, toma-se em consideração que o devedor não deve pagar se não souber com segurança o valor exato *(in illiquidis non fit mora)*. Não há outrossim necessidade de intimação, nem de se considerar em mora, se a obrigação originar-se de ato ilícito, ou se o devedor tiver declarado expressamente sua intenção de não cumprir a obrigação.

12.2. Mora do devedor

A *mora debitoris* é a mais comum. Ocorre quando se dá o inadimplemento da obrigação do devedor, ou seja, ele não cumpre a obrigação no momento em que deveria cumpri-la. Está ela prevista no art. 397, pelo qual o inadimplemento da obrigação positiva e líquida, no seu termo, constitui de pleno direito em mora o devedor. Aplica-se esse dispositivo na obrigação com um termo previsto. Assim, no caso de uma duplicata vencível num determinado dia, não sendo paga no vencimento, coloca o devedor em mora de pleno direito *(mora ex re)*. Não há necessidade de protesto de título, pois quem aceita uma duplicata para pagamento num determinado dia, deve ter planejado esse pagamento. Vigora o princípio já consagrado do *dies interpellat pro homine* (o dia interpela pelo devedor).

Não havendo entretanto prazo assinalado, começa a mora desde a interpelação, notificação ou protesto. É o que estabelece o próprio art. 397. Idêntico critério adotava o art. 138 de nosso Código Comercial, estabelecendo que os efeitos da mora no cumprimento das obrigações empresariais, não havendo estipulação em contrato, começam a correr desde o dia em que o credor, depois do vencimento, exige judicialmente o pagamento. Embora esse artigo refira-se a contrato, o mesmo critério se adota a outros tipos de obrigações, como o acima referido exemplo da duplicata.

Não havendo entretanto prazo assinalado, a mora começa a partir da notificação, interpelação ou protesto. Não é tão radical esse dispositivo. Leis posteriores abriram o leque das possibilidades de constituir o devedor em mora, como uma notificação extrajudicial. O art. 219 do Código de Processo Civil, por exemplo, diz que a citação válida constitui em mora o devedor. Podemos considerar então como início da mora qualquer recurso lícito, honesto e comprovado, graças ao qual o credor torna ciente o devedor de que este está na inadimplência de determinada obrigação.

É conveniente abordar aqui essas diversas formas de o credor cientificar o devedor de que o cumprimento da obrigação está sendo retardado, caracterizando então a mora. A interpelação é uma forma de comunicação pela qual o credor comunica ao devedor que deseja ver cumpridas determinadas obrigações. O credor requererá em juízo que o devedor seja interpelado por mandado judicial ou, quando necessário, por edital. Tanto a interpelação como a notificação e o protesto são regulados pelos arts. 867 a 873 do Código de Processo Civil. Poderá a interpelação ser extrajudicial, sendo a mais comum por carta a ser entregue ao devedor pelo cartório de títulos e documentos.

A notificação é o comunicado feito ao devedor, por via judicial, com ordem para fazer ou deixar de fazer alguma coisa. No presente caso, o credor poderá notificar o devedor para pagar determinado valor, em determinadas condições, sob pena de ser colocado em mora e responder pelos efeitos dela. Contém ela certos preceitos. O protesto é bem conhecido quando for aplicado pelo cartório de protestos, para títulos executivos extrajudiciais ou judiciais. Poderá contudo ser feito judicialmente, em processo semelhante aos moldes da interpelação e da notificação.

Ficando em mora, responde o devedor pelos prejuízos a que sua mora der causa (art. 395). Se está em mora o devedor, permanece então a obrigação a cumprir. Além disso, é-lhe atribuída a responsabilidade por perdas e danos que causar ao credor pelo atraso no cumprimento. Nessas condições, terá de pagar a dívida e ainda cobrir os prejuízos, geralmente com o pagamento de juros e correção monetária.

Casos há em que a mora não decorre da falta de pagamento de uma prestação pecuniária. Examinemos um exemplo. Uma empresa que se dedique ao comércio varejista de roupas adquire, de um fabricante de malhas de lã, produtos para o inverno, comprometendo-se o vendedor a entregar a mercadoria até o mês de junho. O fornecedor retarda a entrega da mercadoria até outubro, quando já faz calor. A mora está no inadimplemento de uma obrigação de fazer ou de dar. Nesse caso, o comprador pode recusar-se a receber a mercadoria e a pagá-la, e ainda pedir indenização por perdas e danos causados pela falta de vendas.

É conveniente citar que um dos requisitos da mora é a inexecução culposa do devedor; caracteriza-se a mora pelo elemento "culpa". Não havendo fato ou omissão imputável ao devedor, não incorre este em mora. Assim sendo, o caso fortuito ou de força maior escusa o devedor de cumprir a prestação que lhe cabe. Por exemplo, a entrega de mercadoria que se atrasa devido a um deslizamento que interrompeu o tráfego por uma estrada. Ou então, a inexecução de uma obrigação num dia que tenha sido transformado em feriado.

O devedor em mora responde pela impossibilidade da prestação, embora essa impossibilidade resulte de caso fortuito ou de força maior, se estes ocorrerem durante o atraso; salvo se provar isenção de culpa, ou que o dano sobreviria ainda quando a obrigação fosse oportunamente desempenhada (art. 399). Tem-se que levar em conta a teoria do caso fortuito ou força maior. No exemplo retro referido, a mercadoria deveria ter sido despachada com tempo suficiente para evitar contratempos. Se foi despachada de afogadilho, sem previsão de que algum incidente poderia acontecer, não poderá ser alegada a inocência. Cabe ao devedor o ônus da prova.

Nas obrigações provenientes de ato ilícito, considera-se o devedor em mora, desde que o praticou (art. 398). Casos muito comuns são os de acidente de trânsito. Desde o momento em que alguém provoca acidente, produzindo prejuízos a outrem, coloca-se em mora na obrigação de pagar os danos.

12.3. Mora do credor

A mora do credor, também chamada de *mora creditoris* ou *mora accipiendi,* não ocorre com freqüência. Qual o credor que não quer receber o que lhe é devido? Contudo, sucede comumente, como um locador que não quer receber o aluguel, para depois propor ação de despejo por falta de pagamento. A *mora creditoris* é a recusa do credor em aceitar a prestação cumprida pelo devedor e dar-lhe a regular quitação. Encontra-se esse conceito no art. 394, afirmando que se considera em mora o credor que não quiser receber o pagamento no tempo, lugar e forma convencionados.

A mora do credor implica em conseqüências e efeitos; ela subtrai o devedor isento de dolo à responsabilidade pela conservação da coisa, obriga o credor a ressarcir as despesas empregadas em conservá-la, e sujeita-o a recebê-la pela sua mais alta estimação, se o seu valor oscilar entre o tempo do contrato e o do pagamento (art. 400). Tal acontecendo, se for obrigação de dar, como a entrega de uma mercadoria, no caso de recusa do credor em recebê-la, haverá isenção do devedor na responsabilidade pela conservação dessa mercadoria. Se o armazenamento e conservação dessa mercadoria ocasionar gastos, o credor inadimplente será responsabilizado por eles. Perderá ainda certas vantagens, como a exigência de juros.

Entende-se porém a *mora creditoris* como a situação derivada da injustificada recusa do credor em receber a prestação proposta por uma oferta real do devedor. Há portanto teses em que o credor possa recusar a oferta. Necessário se torna, por isso, que o devedor comprove a recusa, notificando o credor da oferta real da prestação devida. Colocado em mora, o credor colherá os efeitos, alguns dos quais comentaremos.

A primeira repercussão negativa da mora do credor é a manutenção do vínculo obrigacional que já poderia ter sido solucionado em seu favor, ficando o devedor em posição mais favorável que a que antes ocupara. Fica o devedor isento de pagamento de juros e correção monetária e de riscos. Caso a obrigação seja de natureza contratual, o devedor poderá apegar-se ao não-cumprimento da obrigação pelo credor, para eximir-se da sua, invocando o princípio da *exceptio non adimpleti contractus*. Fica assim o devedor com forças para afastar uma possível *mora debendi*.

Fica o credor sem forças para exigir o cumprimento da prestação recusada. É o que acontece, por exemplo, num contrato de locação. O credor recusa-se a receber o aluguel, forçando o devedor a depositá-lo em juízo, com ação de consignação de pagamento. Caso o locador empreenda ação de despejo, terá dado ao inquilino a defesa pelo não-pagamento do aluguel. Além disso, o devedor *in bonis* (que não está em falta) poderá apresentar reconvenção.

Arrisca-se ainda o credor em mora a sofrer uma ação de reparação de danos a que sua mora der causa. Digamos que a obrigação do devedor não seja de caráter pecuniário, mas de entrega de uma coisa. O credor em mora poderá ser obrigado a ressarcir os danos provocados pela mora e suportar as despesas pela custódia e conservação da coisa devida.

12.4. Purgação da mora

A purgação da mora é o cumprimento da obrigação em atraso; é a cessação da mora. Cumprindo sua obrigação, o inadimplente, seja o devedor ou o credor, livra-se dos efeitos da mora, a partir do dia da purgação. Vejamos o caso muito comum, observado em ação de despejo por falta de pagamento. O inquilino não paga o aluguel no dia determinado e sofre a ação. Depositando o aluguel em juízo, ele purga a mora, truncando a ação. O contrato de locação voltou à normalidade.

O inadimplente inquilino não se livra porém dos efeitos da mora: obriga-se a ressarcir os danos causados, com o pagamento dos juros e correção monetária durante o tempo em que a mora perdurou. Será ainda condenado à sucumbência da ação. Vê-se assim que a purgação da mora não livra o inadimplente dos efeitos pretéritos, senão a mora traria vantagens aos morosos.

A purgação da mora se dá por parte do credor como do devedor, ou de ambos, conforme prevê o art. 401. O devedor purgará a mora, oferecendo a prestação, mais a importância dos prejuízos até o dia da oferta. Foi o que ocorreu no exemplo acima. Para o credor, a purgação da mora consiste em receber o pagamento, sujeitando-se também aos efeitos da mora, desde o dia do vencimento até o dia da purgação. Se ambas as partes forem inadimplentes, a parte prejudicada purgará a mora, renunciando aos direitos dela decorrentes.

12.5. Mora nas obrigações mercantis

É conveniente citar que a mora é um instituto jurídico regulamentado nos arts. 394 a 401 do Código Civil. Importante ainda é a sua aplicação nas atividades empresariais, adquirindo novos matizes. Várias disposições esparsas vão revelando critérios uniformes.

Nosso Código Civil, ao regulamentar o contrato de compra e venda civil, não estabelece diferente critério para as obrigações civis. Vigora para elas o que dispõe o art. 397: o inadimplemento da obrigação positiva e líquida, no seu termo, constitui de pleno direito em mora o devedor.

Nota-se ainda o rigorismo da mora nas obrigações mercantis na Lei das S/A. Por exemplo: um acionista subscreve ações e não paga o valor delas. Os arts. 106 e 107 da Lei das S/A estabelecem que o acionista inadimplente ficará constituído em mora de pleno direito, vale dizer, de imediato e independente de aviso. As sanções a que sua mora der motivo serão bem amplas e pesadas: pagamento de juros, correção monetária e multa, possibilidade de execução para cobrança do débito, ou perda das ações. Compreende-se esse rigor, pois uma empresa mercantil poderá ficar abalada financeiramente pela mora de seus devedores, o que se atenua na área civil.

NOVO CÓDIGO CIVIL

Da Mora

Art. 394. Considera-se em mora o devedor que não efetuar o pagamento e o credor que não quiser recebê-lo no tempo, lugar e forma que a lei ou a convenção estabelecer.

Art. 395. Responde o devedor pelos prejuízos a que sua mora der causa, mais juros, atualização dos valores monetários segundo índices oficiais regularmente estabelecidos, e honorários de advogado.

Parágrafo único. Se a prestação, devido à mora, se tornar inútil ao credor, este poderá enjeitá-la, e exigir a satisfação das perdas e danos.

Art. 396. Não havendo fato ou omissão imputável ao devedor, não incorre este em mora.

Art. 397. O inadimplemento da obrigação, positiva e líquida, no seu termo, constitui de pleno direito em mora o devedor.

Parágrafo único. Não havendo termo, a mora se constitui mediante interpelação judicial ou extrajudicial.

Art. 398. Nas obrigações provenientes de ato ilícito, considera-se o devedor em mora, desde que o praticou.

Art. 399. O devedor em mora responde pela impossibilidade da prestação, embora essa impossibilidade resulte de caso fortuito ou de força maior, se estes ocorrerem durante o atraso; salvo se provar isenção de culpa, ou que o dano sobreviria ainda quando a obrigação fosse oportunamente desempenhada.

Art. 400. A mora do credor subtrai o devedor isento de dolo à responsabilidade pela conservação da coisa, obriga o credor a ressarcir as despesas empregadas em conservá-la, e sujeita-o a recebê-la pela estimação mais favorável ao devedor, se o seu valor oscilar entre o dia estabelecido para o pagamento e o da sua efetivação.

Art. 401. Purga-se a mora:

I - por parte do devedor, oferecendo este a prestação mais a importância dos prejuízos decorrentes do dia da oferta;

II - por parte do credor, oferecendo-se este a receber o pagamento e sujeitando-se aos efeitos da mora até a mesma data.

13. DO PAGAMENTO INDEVIDO

13.1. Conceito
13.2. Repetição do indébito
13.3. Exceções

13.1. Conceito

Nosso Código Civil, nos arts. 876 a 883, cuida de um instituto de pouca aplicação, mas que é encontrado no código de vários países; é o "pagamento indevido". Recebe outras denominações, como "repetição do indébito", "repetição do pagamento". O Código Civil italiano chama-o de "pagamento do indébito" no art. 2.033 e "enriquecimento sem causa", no art. 2.041. Ocorre se uma pessoa fizer o pagamento por engano ou erro. Se alguém pagar o que não deve, quem recebeu o que não lhe era devido precisará restituí-lo.

13.2. Repetição do indébito

Todo aquele que recebeu o que não lhe era devido fica obrigado a restituir. A mesma obrigação incumbe a quem recebe dívida condicional antes de cumprida a condição (art. 876). Ao que voluntariamente pagou o indevido incumbe a prova de tê-lo feito por erro (art. 877). Vejamos os pressupostos desse instituto: alguém recebeu um pagamento, mas esse pagamento não era devido. Quem pagou indevidamente o que não devia, o fez por engano ou erro. Desse pagamento, resultou o enriquecimento sem causa do *accipiens* e empobrecimento indevido do *solvens*. Logo, em virtude do princípio do "enriquecimento sem causa", o recebimento indevido gera a obrigação de restituir.

O pagamento indevido ocorre em outra situação: numa obrigação condicional o devedor cumpre sua obrigação antes do implemento da condição. Constata depois o erro. Terá direito pois à devolução do pagamento feito, pois foi indevido, com base no mesmo princípio do enriquecimento indevido. Em ambos os casos, cabe ao *solvens,* ou seja, quem cumpriu erroneamente a obrigação, o *onus probandi*.

É conveniente citar que no pagamento indevido o credor recebe de boa-fé. Sua obrigação de restituir decorre do enriquecimento indevido. Se tiver recebido de má-fé, como numa extorsão ou num estelionato, sua obrigação de restituir decorre de ato ilícito; é o enriquecimento sem causa. Assim, por exemplo, uma empresa sacou uma duplicata contra outra; despachou a mercadoria para endereço errado e esta desapareceu. No vencimento da duplicata o sacado pagou-a, julgando estar recebendo a mercadoria comprada. Surge para o fornecedor da mercadoria, ou seja, o sacador, a obrigação de devolver o pagamento da duplicata.

O art. 878 equipara quem recebeu o indevido ao possuidor de boa-fé, ao dizer que aos frutos, acessões, benfeitorias e deteriorações sobrevindas à coisa dada em pagamento indevido, aplica-se o disposto nos arts. 510 a 519. Com remissão a esses artigos, o *accipiens* tem direito aos frutos percebidos do recebimento. Assim, por exemplo, se recebeu pagamento em dinheiro e o aplicou em operações lucrativas, esses lucros lhe cabem. Todavia, se cessar a boa-fé, devem ser restituídos ao *solvens* os lucros junto com o recebimento indevido.

13.3. Exceções

Há porém três exceções, previstas nos arts. 880, 881 e 883. Pela primeira delas, fica isento de restituir o indevido aquele que, recebendo-o por conta de dívida verdadeira, inutilizou o título, deixou prescrever a ação ou abriu mão das garantias que asseguravam seu direito; mas o que pagou dispõe de ação regressiva contra o verdadeiro devedor e seu fiador. Procuraremos aplicar esse dispositivo de forma mais prática: Delta Ltda. tem um crédito verdadeiro contra Gama Ltda., mas esse crédito é pago, por engano, por Sigma Ltda. Sentindo-se satisfeita no seu crédito, Delta Ltda. (a *accipiens*) não se incomodou em cobrar de Gama Ltda., prescrevendo seu direito de ação. Ou ainda, Delta Ltda. deixou extraviarem-se documentos representativos dessa dívida, ou então devolveu à verdadeira devedora uma coisa entregue em penhor. Nessas condições, Delta Ltda. ficou despojada de forças para cobrar a dívida de sua verdadeira devedora, Gama Ltda., em vista do erro cometido por Sigma Ltda. Não seria justo obrigar Delta Ltda. a devolver o recebimento. Por outro lado, a lei tutela o interesse de Sigma Ltda., que pagou erroneamente: poderá voltar-se contra Gama Ltda., o verdadeiro devedor, que se terá enriquecido indevidamente, e reclamar dela o pagamento de volta. Se o débito tiver garantia de fiança e Gama Ltda. não pagou, Sigma Ltda. poderá cobrar do fiador.

A segunda exceção é descrita no art. 882: não se pode repetir o que se pagou para solver dívida prescrita, ou cumprir obrigação natural. Preliminarmente, o verbo "repetir" tem aqui o sentido de "devolver", significando "devolução do indébito". Nesses termos, não há repetição do indébito no caso de pagamento de uma dívida já prescrita. Não especifica nosso código quais as obrigações naturais a que se refere. O nosso Código Civil, esclarece esse aspecto, com analogia ao art. 2.034 do Código Civil italiano, no qual preferimos nos apoiar, e aqui exposto:

Obbligazioni naturali	Obrigações naturais
Non è ammessa la repetizione di quanto è stato spontaneamente prestato in esecuzione di doveri morali e sociali, salvo che la prestazione sia stata eseguita da un incapace.	Não é admitida a repetição do que for espontaneamente prestado na execução de deveres morais e sociais, salvo se a prestação seja cumprida por um incapaz.

Amoldaríamos nessa disposição o pagamento de alimentos, que, sendo pagos a um menor impúbere, não poderiam ser devolvidos por não ter o menor rendimentos que o capacitem à devolução.

A terceira exceção, prevista no art. 883, estabelece que não terá direito à repetição aquele que deu alguma coisa para obter fim ilícito, imoral ou proibido por lei. É evidente o acerto dessa disposição: não pode um ato ilícito ser fonte geradora de direitos para o infrator da lei.

Para melhor compreensão desse dispositivo legal, procuraremos enquadrar nele alguns casos: as dívidas de jogo, por exemplo, não admitem a restituição (ou repetição); uma empresa faz adiantamento a uma *trading company* para que esta introduza mercadoria contrabandeada no Brasil.

O art. 967 trata do recebimento indevido de um imóvel. O *solvens* deverá assistir o proprietário na retificação do registro. Se o tiver alienado de má-fé, responderá pelo valor do imóvel e por perdas e danos.

14. DO PAGAMENTO EM CONSIGNAÇÃO

14.1. Formas extras de pagamento
14.2. Do pagamento em consignação
14.3. Da ação de consignação em pagamento

14.1. Formas extras de pagamento

O natural destino da obrigação é o seu pagamento. O pagamento, por sua vez, é o cumprimento da obrigação, tal qual foi estabelecido. É possível, porém, que o pagamento normal encontre dificuldades e se faça recomendável a extinção de uma obrigação de forma diversa. Dá-se então uma forma indireta de pagamento, a extinção da obrigação por outro mecanismo a ser criado ou adotado pelas partes. Vários modos de extinção das obrigações, diferentes do adimplemento, podem ser criadas pela imaginação das partes. Contudo, nosso Código Civil enumera nove formas, nas quais podem ser incluídas outras por analogia: 1) pagamento em consignação; 2) pagamento com sub-rogação; 3) imputação de pagamento; 4) dação em pagamento; 5) novação; 6) compensação; 7) transação; 8) confusão; 9) remissão.

14.2. Do pagamento em consignação

O primeiro modo de extinção das obrigações, diverso do pagamento, previsto pelo Código Civil, é o pagamento em consignação, nos arts. 334 a 345. O *modus faciendi* desse pagamento está regulado pelos arts. 890 a 900 do Código de Processo Civil. Consignar é entregar, oferecer. O devedor, impossibilitado de pagar nos termos da obrigação, entrega o pagamento à justiça e esta chamará o credor para recebê-lo; trata-se pois de um depósito judicial. Nesses termos, diz o art. 334 que se considera pagamento e extingue a obrigação o depósito judicial da coisa devida, nos casos e formas legais. Com o depósito, o devedor está liberado da obrigação.

Diz porém o art. 334 "nos casos e formas legais"; esses casos são em número de seis, enumerados no art. 335. O caso mais comum é o do credor que se recusa a receber o pagamento sem justo motivo, ou a dar quitação na forma devida. A recusa tem sentido bem abrangente, podendo haver uma recusa ostensiva ou o credor esconder-se para se esquivar ao recebimento. Observa-se nesse caso a *mora accipiendi*. Freqüentemente se observa essa incidência nos contratos de locação de imóveis. Quando um locador está insatisfeito com um inquilino e deseje despejá-lo, vai-se furtando a receber o aluguel, para, em seguida, requerer o despejo por falta de pagamento. Nessa situação, cabe ao inquilino depositar o aluguel em juízo, realizando então o pagamento por via judicial. Trata-se, nesses casos, de obrigação portável. Em nossa opinião a expressão "justa causa" não deveria constar, pois é desnecessária justa causa para se fazer o pagamento por consignação. Se for procedente ou não, se há ou não justa causa, só se saberá no final da ação, com a sentença do juiz.

A segunda possibilidade ocorre nas obrigações quesíveis, em que o credor não for, nem mandar receber a coisa no lugar, tempo e condições devidas. Ocorrerá essa incidência para a ação de consignação de pagamento, porquanto cabe ao credor o ônus da prova e é fácil ao devedor alegar não ter sido procurado.

O terceiro item aplica-se no caso de haver dificuldades em achar-se o credor ou chegar-se até ele: se o credor for desconhecido, estiver declarado ausente, ou estiver domiciliado em lugar incerto, ou de acesso perigoso ou difícil. Por exemplo: alguém entrega a outrem uma nota promissória e no dia do vencimento o favorecido desaparece, podendo ter transferido o título por endosso. Outro caso: o aceitante de uma duplicata não encontra a empresa que a emitiu ou vem a saber que ela faliu.

O quarto item aplica-se se ocorrer dúvida sobre quem deva legitimamente receber o objeto do pagamento. É o caso do locatário que vem a saber que seu locador faleceu e vários herdeiros disputam a herança, cada um reclamando para si o imóvel locado. É o caso também de um locador que deve pagar o aluguel a um casal que esteja se separando.

O item quinto refere-se à hipótese de pender litígio sobre o objeto do pagamento. Digamos que o devedor deva pagar uma duplicata, mas o faturamento do credor foi penhorado, porque este está sendo executado por um terceiro. A duplicata objeto do pagamento está *sub judice,* sendo pois temerário o pagamento ao credor. Aliás, essa posição está prevista também no art. 984; se a dívida se vencer, pendendo litígio entre credores que se pretendam mutuamente excluir, poderá qualquer deles requerer a consignação. O devedor de obrigação litigiosa exonerar-se-á mediante consignação. Contudo, se pagar a qualquer dos pretendidos credores, tendo conhecimento do litígio, assumirá o risco do pagamento (art. 983).

O último item do art. 973 contempla a situação criada se houver concurso de preferência aberto contra o credor, ou se este for incapaz de receber o pagamento. Assim, no caso de falência ou insolvência do credor, o devedor não deverá pagar-lhe, mas consignar o pagamento no juízo em que correr o processo de falência ou de insolvência. Inclui ainda o inciso VI a necessidade de consignação se o devedor for incapaz de receber o pagamento. Por exemplo: falece o credor, deixando como herdeiro um filho menor. O menor não pode dar quitação e a justiça não decidiu quem será o tutor ou o curador.

14.3. Da ação de consignação em pagamento

Embora estejamos examinando uma questão de direito substancial, é conveniente examinar essa questão também pelo lado processual, isto é, o *modus faciendi* da consignação em pagamento. A ação de consignação em pagamento está regulada pelos arts. 890 a 900 do Código de Processo Civil. Há diferença de nomenclatura para esta questão: o Código Civil chama-a de "pagamento em consignação" e o Código de Processo Civil de "consignação em pagamento". Trata-se de ação muito comum em nosso pretório, utilizada comumente na consignação de aluguel. O locador recusa-se a receber o aluguel, para depois entrar com ação de despejo, contra o inquilino, por falta de pagamento.

Em casos semelhantes, o devedor requererá ao juiz que lhe seja permitido depositar o pagamento em juízo, na jurisdição em que o pagamento costuma ser feito. Efetuado o depósito em juízo, o credor deverá ser citado para, em lugar, dia e hora determinados, vir ou mandar receber a quantia devida, sob pena de ser feito o respectivo depósito. Assim sendo, o devedor adimpliu sua obrigação, livrando-se da mora. A consignação é pois o pagamento feito em juízo por meio do depósito. O sentido é consentâneo com a origem etimológica do vocábulo "consignatio", do verbo "consignare" (entregar uma coisa, depositar).

Nem sempre, porém, a consignação em pagamento se dá porque o credor dificulta o pagamento. Às vezes há dúvida a respeito de quem deva ser o credor legítimo, ou diversas pessoas disputam a posição do credor, havendo pois um litígio entre pretensos credores. Serão todos citados para provarem seus direitos, que serão reconhecidos pela sentença judicial.

Para que a consignação tenha força de pagamento, será mister concorram, em relação às pessoas, ao objeto, modo e tempo, todos os requisitos sem os quais não é válido o pagamento (art. 336). Quem poderá dizer que o pagamento em consignação apresenta todos os requisitos será a justiça e a sentença dirá se terá esse pagamento o condão de extinguir a obrigação. Entretanto, não apenas a consignação em pagamento oferece os requisitos essenciais do adimplemento, mas há várias outras formas idôneas e hábeis. Por exemplo, o inquilino deposita o aluguel na conta bancária do senhorio, mediante aviso do banco ou do próprio inquilino.

Ou então, pede ao banco uma ordem de pagamento contra a entrega do recibo, devendo o banco avisar o senhorio de que o dinheiro está à disposição.

O depósito requerer-se-á no lugar do pagamento, cessando, tanto que se efetue, para o depositante, os juros da dívida e os riscos, salvo se for julgado improcedente (art. 337). Não se refere aqui apenas a ação judicial, cujo foro competente deve ser o do local de pagamento. Alarga-se ainda nas demais formas de pagamento; se o devedor pagar em local diverso, estará dificultando o recebimento, quando sua queixa é a de que o credor está criando dificuldades. As disposições do art. 337 do Código Civil constam também do art. 891 do Código de Processo Civil. Feito o depósito, considera-se cumprida a obrigação, com efeitos "ex tunc". Todavia, se for ação judicial e esta for julgada improcedente, a situação fica como se não tivesse havido depósito.

Enquanto o credor não declarar que aceita o depósito, ou não o impugnar, poderá o devedor requerer o levantamento, pagando as despesas, e subsistindo a obrigação para todas as conseqüências de direito (art. 338). Parece uma sanção ao credor: se demonstra pouco caso para com a questão, sem levantar o depósito ou não o impugnar, dará ensejo ao devedor, de levantar esse depósito, ficando o credor sem juros e correção monetária do tempo em que durar o processo.

Porém, se for julgado procedente o depósito, fica ele à disposição do credor, não mais podendo o devedor levantá-lo, a menos que tenha a concordância, não só do credor mas dos demais devedores e fiadores (art. 339).

O credor que, depois de contestar a lide ou aceitar o depósito, aquiescer no levantamento, perderá a preferência e a garantia que lhe competiam com respeito à coisa consignada, ficando para logo desobrigados os co-devedores e fiadores que não tenham anuído (art. 340). É também outra forma de sanção ao credor; por que ele concordaria em liberar o depósito à sua disposição, em benefício do devedor? Se ele se arrepender, não poderá exigir o pagamento pelos fiadores e outros co-fiadores, se houver.

Se a coisa devida for imóvel ou corpo certo que deva ser entregue no mesmo lugar onde está, poderá o devedor citar o credor para vir ou mandar recebê-la, sob pena de ser depositada (art. 341). Quando se fala em pagamento, logo pensamos em dinheiro, mas pode ser de várias outras formas, tanto que se fala em "pagar uma visita" . Pode-se depositar um imóvel em pagamento, uma mercadoria, um automóvel, ou qualquer outro objeto de obrigação. Uma máquina, por exemplo, que tiver sido vendida e o comprador não a retira: poderá ele ser intimado a tomar posse dela no lugar indicado, em que se encontra. É um objeto de "corpo certo", como diz o código.

Se a escolha da coisa indeterminada competir ao credor, será ele citado para esse fim, sob cominação de perder o direito e de ser depositada a coisa que o devedor escolher (art. 342). Digamos que Servílio comprou de Triboniano 100 sacas de feijão, sem especificar o tipo, mas ficando de escolher depois. Servílio não retira a mercadoria e Triboniano manda citar Servílio em ação de consignação, dizendo que 100 sacas de feijão comum estão à disposição do comprador. Caberia a Servílio escolher a mercadoria, mas ele não cumpriu seu dever de escolha; em tal situação, caberá a Triboniano escolher a mercadoria a ser depositada.

As despesas com o depósito, quando julgado procedente, correrão à conta do credor, e, no caso contrário, à conta do devedor (art. 343). É questão de direito de sucumbência: o perdedor da ação arca com as custas que tiver provocado. Na ação acima referida, Servílio obrigou Triboniano a empreender ação judicial de depósito em consignação, arcando com as custas judiciais e honorários advocatícios; cabe-lhe a obrigação de indenizar Triboniano pelas despesas a que foi obrigado. Todavia, a ação de depósito foi julgada improcedente e nesse caso, Servílio foi obrigado a custear o processo por culpa de Triboniano e caberá a este último a obrigação de pagar as custas processuais.

O devedor de obrigação litigiosa exonerar-se-á mediante consignação, mas, se pagar a qualquer dos pretendidos credores, tendo conhecimento do litígio, assumirá o risco do pagamento (art. 344). Estamos em face de dívida duvidosa quanto ao credor, que não está certo e determinado, como por exemplo, se duas pessoas discutem na justiça qual delas será a titular do crédito. Qual será a saída para o devedor? Poderia exercer a ação de depósito em consignação contra ambos os pretendentes ao crédito, requerendo ao juiz o processamento dessa ação em autos anexados, ficando o depósito à disposição do juízo, que o deferirá a quem de direito. Ou então exime-se o devedor de pagar, esperando ser cobrado judicialmente.

Se a dívida se vencer, pendendo litígio entre credores que pretendem mutuamente excluir, poderá qualquer deles requerer a consignação. Como o devedor aguarda ser cobrado por quem se julga seu credor, qualquer dos credores disputantes poderá fazer a cobrança judicial, cabendo-lhe provar a titularidade do crédito. Assim sendo, o devedor pagará em juízo, cumprindo pois sua prestação. A discussão será depois entre o pretendente que recebeu e os demais pretendentes, ficando o devedor fora dessa discussão.

NOVO CÓDIGO CIVIL

Do Pagamento em Consignação

Art. 334. Considera-se pagamento, e extingue a obrigação, o depósito judicial ou em estabelecimento bancário da coisa devida, nos casos e forma legais.

Art. 335. A consignação tem lugar:

I - se o credor não puder, ou, sem justa causa, recusar receber o pagamento, ou dar quitação na devida forma;

II - se o credor não for, nem mandar receber a coisa no lugar, tempo e condição devidos;

III - se o credor for incapaz de receber, for desconhecido, declarado ausente, ou residir em lugar incerto ou de acesso perigoso ou difícil;

IV - se ocorrer dúvida sobre quem deva legitimamente receber o objeto do pagamento;

V - se pender litígio sobre o objeto do pagamento.

Art. 336. Para que a consignação tenha força de pagamento, será mister concorram, em relação às pessoas, ao objeto, modo e tempo, todos os requisitos sem os quais não é válido o pagamento.

Art. 337. O depósito requerer-se-á no lugar do pagamento, cessando, tanto que se efetue, para o depositante, os juros da dívida e os riscos, salvo se for julgado improcedente.

Art. 338. Enquanto o credor não declarar que aceita o depósito, ou não o impugnar, poderá o devedor requerer o levantamento, pagando as respectivas despesas, e subsistindo a obrigação para todas as conseqüências de direito.

Art. 339. Julgado procedente o depósito, o devedor já não poderá levantá-lo, embora o credor consinta, senão de acordo com os outros devedores e fiadores.

Art. 340. O credor que, depois de contestar a lide ou aceitar o depósito, aquiescer no levantamento, perderá a preferência e a garantia que lhe competiam com respeito à coisa consignada, ficando para logo desobrigados os co-devedores e fiadores que não tenham anuído.

Art. 341. Se a coisa devida for imóvel ou corpo certo que deva ser entregue no mesmo lugar onde está, poderá o devedor citar o credor para vir ou mandar recebê-la, sob pena de ser depositada.

Art. 342. Se a escolha da coisa indeterminada competir ao credor, será ele citado para esse fim, sob cominação de perder o direito e de ser depositada a coisa que o devedor escolher; feita a escolha pelo devedor, proceder-se-á como no artigo antecedente.

Art. 343. As despesas com o depósito, quando julgado procedente, correrão à conta do credor, e, no caso contrário, à conta do devedor.

Art. 344. O devedor de obrigação litigiosa exonerar-se-á mediante consignação, mas, se pagar a qualquer dos pretendidos credores, tendo conhecimento do litígio, assumirá o risco do pagamento.

Art. 345. Se a dívida se vencer, pendendo litígio entre credores que se pretendem mutuamente excluir, poderá qualquer deles requerer a consignação.

15. PAGAMENTO COM SUB-ROGAÇÃO

15.1. Conceito
15.2. Sub-rogação legal
15.3. Sub-rogação convencional

15.1. Conceito

A sub-rogação é a substituição da figura do credor por um terceiro que tenha pago uma obrigação. É o exemplo de uma nota promissória que deverá ser paga no vencimento pelo emitente; este porém não executa o pagamento. Um terceiro, entretanto, paga o valor dessa nota promissória, resgatando esse título e tornando-se o credor da soma cambiária. O emitente da nota promissória, devedor direto, continua com a obrigação de pagar, mas deverá fazer o pagamento ao novo credor – ou seja, àquele que pagou a nota promissória – e não ao primitivo favorecido. Assim sendo, o terceiro-pagador da nota promissória substituiu, nos direitos creditórios, o antigo titular.

Tendo recebido o valor de seu crédito, o credor ficou satisfeito e saiu da relação obrigacional, não mais podendo exigir do devedor o adimplemento. O devedor, contudo, não solveu o débito e por isso continua com a obrigação de adimpli-lo perante o novo credor. O pagamento com sub-rogação é, portanto, pagamento sem extinção da dívida, mas com a substituição do titular dos direitos creditórios. Esse direito de o terceiro substituir-se ao antigo credor é tutelado pela lei. A Convenção de Genebra sobre letras de câmbio e notas promissórias, por exemplo, assegura, no art. 32, a sub-rogação ao avalista de um título de crédito.

A sub-rogação não é uma cessão de crédito, embora nesta exista uma sub-rogação, de acordo com o que será visto no estudo específico da cessão de crédito. A cessão de crédito opera-se sem pagamento, o que não acontece com a sub-rogação. Não é também mandato, pois o pagamento por terceiro pode se dar até à revelia do credor. Não é uma novação, porquanto a dívida continua a mesma, apenas mudando o credor. Trata-se assim de um instituto próprio, peculiar, em que o pagamento não extingue a dívida, exceção ao princípio geral da teoria das obrigações.

A sub-rogação transfere ao novo credor todos os direitos, ações, privilégios e garantias do primitivo, em relação à dívida, contra o devedor principal e os fiadores (art. 352). Vê-se destarte que o credor primitivo despoja-se da condição de credor, nada mais tendo a reclamar, porque seus interesses foram satisfeitos. Há porém uma exceção: se a dívida só for paga parcialmente, sobrando um saldo a pagar; o credor originário, só em parte reembolsado, terá preferência ao sub-rogado, na cobrança da dívida restante, se os bens do devedor não chegarem para saldar inteiramente o que a um e outro dever (art. 351). Procura pois a lei preservar o interesse do credor originário, se ele não receber tudo que lhe é devido, mas apenas parte da dívida. Se o pagamento for parcial, a sub-rogação será também parcial. Nessas condições, passará a haver dois credores para um só devedor: entra o sub-rogado mas o sub-rogante permanece. Entretanto, o sub-rogante fica com o privilégio da preferência para exigir o pagamento do saldo da dívida.

15.2. Sub-rogação legal

Prevê a lei duas modalidades de sub-rogação: a legal e a convencional. A sub-rogação legal origina-se, consoante o próprio nome, da lei, não sendo essencial a vontade das partes. É possível mesmo que a sub-rogação legal se dê à revelia das partes, pois se ela não for tutelada pela lei, o terceiro criaria dificuldades para pagar. E a sub-rogação tem como função preservar, facilitar e agilizar o crédito, permitindo que um terceiro interfira para satisfazer os interesses do devedor e do credor, ante um impacto na solução da dívida. Por essa razão, tutela a lei os interesses do terceiro que paga a dívida, senão haveria seu empobrecimento por um ato praticado em benefício do devedor e do credor.

Vamos imaginar a hipótese de um contrato de seguro. Uma empresa tem um caminhão utilizado por ela e celebrou contrato com uma companhia seguradora, para garantir a integridade desse caminhão. Um outro caminhão abalroa o veículo segurado, causando-lhe prejuízos. A proprietária do veículo segurado adquiriu direito à indenização pelos danos, cobrando-os da seguradora. Esta paga o valor do seguro, por ser um terceiro interessado.

Ao indenizar o segurado, a companhia seguradora sub-roga-se em todos os direitos e ações que ao segurado competirem contra terceiros. Procurará então ressarcir-se do pagamento feito, cobrando essa indenização do responsável pelo caminhão causador dos danos. Se não houvesse a sub-rogação, a seguradora poderia criar dificuldades para o segurado receber o seguro, por ser um pagamento sem possibilidade de recuperação.

No exemplo citado, a companhia seguradora ficará restrita à reclamação, junto ao causador do acidente, do que efetivamente pagou pelo seguro, não mais. Na sub-rogação legal o sub-rogado não poderá exercer os direitos e as ações do credor, senão até a soma que tiver desembolsado para desobrigar o devedor (art. 350). Caso contrário, o sub-rogado estaria se enriquecendo indevidamente.

A sub-rogação legal está prevista nos três incisos do art. 985. O primeiro inciso contempla o caso do credor que paga a dívida do devedor comum ao credor, a quem competia o direito de preferência. Examinaremos a hipótese de aplicação desse critério. A empresa Zeta Ltda. tem uma dívida para com Ômega Ltda., garantida por penhor industrial, penhor esse constituído pela maquinaria da devedora, a Zeta Ltda. Por outro lado, Zeta Ltda. tem dívida para com outra credora, a Sigma Ltda., mas se trata de um crédito sem garantia. Assim sendo, Ômega Ltda. tem um direito de preferência sobre Sigma Ltda. Entretanto, se a credora preferencial, Ômega Ltda., executar Zeta Ltda., irá tirar dela a maquinaria apenhada e deixará Zeta Ltda. em difícil situação, para que possa pagar a dívida para com Sigma Ltda. O que fará então a credora não-preferencial? Pagará à Ômega Ltda. a dívida de Zeta Ltda., tornando-se credora da dívida. Nessas condições, Sigma Ltda. poderá executar as duas dívidas contra Zeta Ltda., que ficou com seu patrimônio ativo intacto. Preconiza o art. 348 a aplicação das disposições estabelecidas para a cessão de crédito a esse tipo de sub-rogação.

Note-se que esse critério só se aplica quando se tratar de crédito com garantia real, em que um credor tem seu crédito garantido e o outro não, havendo uma ordem de preferência. Se houver igualdade no crédito de dois credores, não haverá sub-rogação. Deverá haver três figuras intervenientes: o credor quirografário ou com garantia secundária, e o devedor comum aos dois credores.

O segundo inciso prevê o caso do adquirente de um imóvel hipotecado, que paga ao credor hipotecário. Em vez de dar explicação a este inciso, um exemplo explicará melhor. Lambda Ltda. tem uma dívida, garantida pela hipoteca de imóvel, para com Rota Ltda. Entretanto, outra empresa, a Epsilon Ltda., compra esse imóvel hipotecado; paga então para Rota Ltda. a dívida de Lambda Ltda., tornando-se a credora, em lugar de Rota Ltda. Sendo credora, cobrará o valor da dívida de Lambda Ltda.

O item III cuida da situação do terceiro interessado, que paga a dívida pela qual era ou poderia ser obrigado, no todo ou em parte. Quando fala em terceiro interessado, refere-se a quem esteja ligado à dívida, sendo um coobrigado. É o que ocorre freqüentemente nos contratos de locação com fiador. O inquilino não paga e o locador o aciona e, como não obtém satisfação, aciona o fiador. Este, que não quer ser executado judicialmente, paga em nome do inquilino, que é o devedor direto. O fiador sub-roga-se no crédito que pagou, podendo acionar o inquilino. É também o que acontece com a companhia de seguros, que, pagando os danos ao seu segurado, sub-roga-se.

15.3. Sub-rogação convencional

A outra modalidade de sub-rogação é a convencional, descrita em dois incisos do art. 347. Ela decorre da declaração de vontade do devedor ou do credor, ou de um acordo entre ambos. Há portanto sub-rogação pela vontade do credor e por vontade do devedor.

A primeira hipótese de sub-rogação convencional é de quando o credor recebe o pagamento de terceiro e expressamente lhe transfere os seus direitos. Aproxima-se muito essa hipótese a uma cessão de crédito. Sendo um ato convencional, necessário se torna constar expressamente no acordo que o credor *(accipiens)* transfere o crédito ao terceiro-pagador *(solvens)* e este os assume, senão haverá apenas o pagamento. É bom citar que o terceiro, o *solvens*, é pessoa não interessada, porquanto se for pessoa interessada na dívida, como o fiador ou o avalista, a sub-rogação será legal e não convencional. Nessa hipótese, há sub-rogação por vontade do credor, por iniciativa dele, que, recebendo o pagamento de um terceiro, sub-roga-o nos próprios direitos.

A segunda hipótese acontece quando terceira pessoa empresta ao devedor a quantia precisa para solver a dívida, sob a condição expressa de ficar o mutuante sub-rogado nos direitos do credor satisfeito. O devedor troca o seu credor por outro que assume os direitos creditórios. Pelo teor do inciso II do art. 347 deriva essa modalidade de sub-rogação de um contrato de mútuo. O devedor não tem dinheiro para pagar uma dívida ao seu credor. Toma então um dinheiro emprestado a um terceiro e este, em vez de entregar o dinheiro ao devedor, paga a dívida diretamente ao credor, que lhe transfere os direitos de crédito.

NOVO CÓDIGO CIVIL

Do Pagamento com Sub-Rogação

Art. 346. A sub-rogação opera-se, de pleno direito, em favor:

I - do credor que paga a dívida do devedor comum;

II - do adquirente do imóvel hipotecado, que paga a credor hipotecário, bem como do terceiro que efetiva o pagamento para não ser privado de direito sobre imóvel;

III - do terceiro interessado, que paga a dívida pela qual era ou podia ser obrigado, no todo ou em parte.

Art. 347. A sub-rogação é convencional:

I - quando o credor recebe o pagamento de terceiro e expressamente lhe transfere todos os seus direitos;

II - quando terceira pessoa empresta ao devedor a quantia precisa para solver a dívida, sob a condição expressa de ficar o mutuante sub-rogado nos direitos do credor satisfeito.

Art. 348. Na hipótese do inciso I do artigo antecedente, vigorará o disposto quanto à cessão do crédito.

Art. 349. A sub-rogação transfere ao novo credor todos os direitos, ações, privilégios e garantias do primitivo, em relação à dívida, contra o devedor principal e os fiadores.

Art. 350. Na sub-rogação legal o sub-rogado não poderá exercer os direitos e as ações do credor, senão até à soma que tiver desembolsado para desobrigar o devedor.

Art. 351. O credor originário, só em parte reembolsado, terá preferência ao sub-rogado, na cobrança da dívida restante, se os bens do devedor não chegarem para saldar inteiramente o que a um e outro dever.

16. IMPUTAÇÃO DE PAGAMENTO

O termo imputação tem o sentido de atribuição, indicação, determinação. Juridicamente tem o mesmo sentido e assim é considerado pelos arts. 352 a 355 do Código Civil, no capítulo denominado "Da Imputação do Pagamento". Vejamos como se verifica: um devedor tem várias dívidas para com um credor, oriundas de várias operações. Oferece para pagamento uma importância inferior ao montante de todas elas. Imputará, ou seja, indicará a quais dívidas o pagamento se refere.

A pessoa obrigada, por dois ou mais débitos da mesma natureza, a um só credor, tem o direito de indicar a qual deles oferece o pagamento, se todos forem líquidos e vencidos (art. 352). Pelos dizeres acima, a imputação de pagamento apresenta vários requisitos. Há um só credor e um só devedor, porém haverá pluralidade de débitos, da mesma natureza, mas oriundos de transações diferentes. O pagamento deverá cobrir um ou mais débitos mas não todos. Outro requisito é o de que os débitos sejam da mesma natureza, como, por exemplo, prestação em dinheiro. Será impossível a imputação de pagamento se uma dívida for financeira, outra de entrega de mercadoria e outra de prestação de serviços.

Exige-se que as dívidas sejam ainda líquidas e vencidas; vencido é o débito exigível. Líquida é a obrigação certa, quanto à sua existência, e determinada, quanto ao seu objeto. Assim, não é líquida uma obrigação vaga, imprecisa ou condicional. Se se fizer imputação de pagamento em dívida ilíquida ou não vencida, dependerá ela do consentimento do credor.

Se o devedor fizer um pagamento a um credor com o qual tenha várias dívidas líquidas e vencidas, sem fazer a imputação, ou seja, a indicação de quais delas deseja pagar, entende-se que deva ficar por conta do credor essa imputação. Não tendo o devedor declarado em qual das dívidas líquidas e vencidas quer imputar o pagamento, se aceitar a quitação de uma delas, não terá direito a reclamar contra a imputação feita pelo credor, salvo provando haver ele cometido violência ou dolo (art. 353).

Uma exceção existe para esse critério, em que a lei adota orientação específica. Está prevista no art. 354: havendo capital e juros, o pagamento imputar-se-á primeiro nos juros vencidos, e, depois, no capital, salvo estipulação em contrário, ou se o credor passar a quitação por conta do capital. Neste caso, inexiste imputação pelo devedor e credor por acordo, ou imputação pelo credor; predomina então a imputação legal. Essa disposição vem em tutela aos direitos do credor: se ficar a cargo do devedor, este irá preferir solver o capital, que é uma dívida líquida e exigível. Os juros não constituem dívida líquida, cabendo ao credor o ônus da liquidação.

Essa exceção estende-se ainda mais nos casos previstos no art. 994. Sendo omissa a imputação tanto por parte do devedor como do credor, aplica-se a imputação legal, mas aplicada em escala determinada: de acordo com o vencimento das dívidas. Assim, deverá ser paga a dívida vencida há mais tempo e assim por diante. Se as dívidas se vencerem num único dia, observa-se a ordem do valor, pagando-se a mais onerosa.

Vimos, assim, a existência de três tipos de imputação: a do devedor, que é a regra geral, a do credor, quando não há indicação do devedor, e a legal, quando os dois se omitirem.

NOVO CÓDIGO CIVIL

Da Imputação do Pagamento

Art. 352. A pessoa obrigada por dois ou mais débitos da mesma natureza, a um só credor, tem o direito de indicar a qual deles oferece pagamento, se todos forem líquidos e vencidos.

Art. 353. Não tendo o devedor declarado em qual das dívidas líquidas e vencidas quer imputar o pagamento, se aceitar a quitação de uma delas, não terá direito a reclamar contra a imputação feita pelo credor, salvo provando haver ele cometido violência ou dolo.

Art. 354. Havendo capital e juros, o pagamento imputar-se-á primeiro nos juros vencidos, e depois no capital, salvo estipulação em contrário, ou se o credor passar a quitação por conta do capital.

Art. 355. Se o devedor não fizer a indicação do art. 352, e a quitação for omissa quanto à imputação, esta se fará nas dívidas líquidas e vencidas em primeiro lugar. Se as dívidas forem todas líquidas e vencidas ao mesmo tempo, a imputação far-se-á na mais onerosa.

17. DA DAÇÃO EM PAGAMENTO

Antes das considerações doutrinárias a respeito da dação em pagamento, exporemos um fato que não deve ser raro. Um inquilino estava com vários aluguéis em atraso e não tinha dinheiro para pagar. Propôs então ao senhorio que recebesse em pagamento um televisor, cujo valor equivalia ao montante do débito. Concordou o senhorio com essa solução, correspondente à venda do televisor pelo locatário ao locador, cujo preço foi aplicado no pagamento em dinheiro dos aluguéis. Se o locatário não pagasse os aluguéis em atraso, o locador poderia executar o débito, penhorando o televisor e vendendo-o em leilão. Para evitar essas medidas extremas, com ônus para ambas as partes, criou-se a dação em pagamento, surgida na antiga Roma, com o nome de *datio in solutum.*

A princípio, a dação em pagamento afrontava o direito: o devedor obrigou-se ao cumprimento de uma prestação e portanto deve cumprir a obrigação tal qual foi ela constituída. Só prestando a coisa devida pode o devedor ser liberado da obrigação: "alliud pro alio invito creditori solvi non potest" (uma coisa pela outra contra a vontade do credor não pode solver uma obrigação). Esse princípio está expresso também no Código Civil: "credor de uma coisa certa não pode ser obrigado a receber outra, ainda que mais valiosa". Naturalmente, o credor não é obrigado, mas poderá receber, se quiser a *alliud pro allio.* O credor pode consentir em receber coisa que não seja dinheiro, em substituição da prestação que lhe era devida (art. 356). É pois uma forma indireta de pagamento.

A troca do objeto do pagamento não poderá ser o dinheiro, porque seria então indenização por perdas e danos. A prestação poderá ser em móveis, imóveis, fazer ou não fazer, títulos de crédito, em combinações várias:

– *factum pro pecunia* (fato por dinheiro);
– *rem pro re* (uma coisa por outra);
– *rem pro pecunia* (uma coisa por dinheiro).

Como houvéramos referido no exemplo, a coisa dada em pagamento assemelha-se a uma coisa vendida, com os mesmos elementos do contrato de compra e venda: *res, pretium, consensus.* Determinado o preço da coisa dada em pagamento, as relações entre as partes regular-se-ão pelas normas do contrato (art. 357). Assim sendo, o devedor será obrigado a resguardar o credor contra os riscos dos vícios redibitórios e da evicção. Se o credor for evicto da coisa recebida em pagamento, restabelecer-se-á a obrigação primitiva, ficando sem efeito a quitação dada.

O art. 358 estabelece que se for título de crédito a coisa dada em pagamento, a transferência importará em cessão. Por esse dispositivo, o título de crédito perderá então seus efeitos cambiários, tornando-se inconveniente sua aceitação para pagamento do débito. Nesse caso, será conveniente para o credor aceitar a transferência do título de crédito por endosso e dar a quitação da dívida sem fazer referência à dação. A obrigação extingue-se com a cessão de crédito.

Todavia a cessão de crédito em geral é uma cessão *pro soluto*. Quando porém se faz a cessão de crédito em lugar do adimplemento, ela se faz *pro solvendo*. Assim, uma obrigação pecuniária não se extingue imediatamente se for dado em pagamento um cheque ou uma nota promissória. O cedente deve garantir a existência do crédito ao tempo da cessão, pois a *datio in solutum* é um oneroso acordo liberatório entre credor e devedor.

NOVO CÓDIGO CIVIL

Da Dação em Pagamento

Art. 356. O credor pode consentir em receber prestação diversa da que lhe é devida.

Art. 357. Determinado o preço da coisa dada em pagamento, as relações entre as partes regular-se-ão pelas normas do contrato de compra e venda.

Art. 358. Se for título de crédito a coisa dada em pagamento, a transferência importará em cessão.

Art. 359. Se o credor for evicto da coisa recebida em pagamento, restabelecer-se-á a obrigação primitiva, ficando sem efeito a quitação dada, ressalvados os direitos de terceiros.

18. DA NOVAÇÃO

18.1. Conceito e tipos
18.2. Novação objetiva
18.3. Novação subjetiva
18.4. Acessórios da obrigação novada
18.5. Novação das obrigações solidárias
18.6. Novação de obrigações extintas

18.1. Conceito e tipos

A novação é uma das formas de extinção das obrigações, sem que haja pagamento direto. É uma substituição, em que uma dívida fica substituída por outra. O devedor assume uma nova dívida, que se destina a substituir uma antiga, ficando esta extinta. O art. 360 do Código Civil prevê três possibilidades de aplicação desse modo extintivo de obrigações:

I – quando o devedor contrai com o credor nova dívida, para extinguir e substituir a anterior;

II – quando novo devedor sucede ao antigo, ficando este quite com o credor;

III – quando, em virtude de obrigação nova, outro credor é substituído ao antigo, ficando o devedor quite com este.

No primeiro caso, permaneceram o mesmo credor e o mesmo devedor. É o tipo de novação objetiva, pois muda o objeto da prestação, ou seja, há substituição da obrigação originária por uma nova obrigação a título diferente.

O outro tipo de novação, previsto nos incisos II e III, é a subjetiva, por se dar a substituição de um dos sujeitos da relação obrigacional, permanecendo inalterados os elementos objetivos. A novação subjetiva pode constar da mudança do devedor (novação subjetiva passiva) ou de credor (novação subjetiva ativa).

No acordo de novação deve ficar claro o *animus novandi*, ou seja, a intenção de novar. Não havendo ânimo de novar, a segunda obrigação confirma simplesmente a primeira (art. 361). A vontade de extinguir a obrigação precedente deve revelar-se de modo inequívoco, expressamente. Vimos pois a presença de três requisitos essenciais à existência da novação, um dos quais o *animus novandi*. A primeira é a existência de uma obrigação e a segunda a extinção dela com o surgimento de outra.

18.2. Novação objetiva

A novação objetiva ocorre quando permanecem o mesmo devedor e o mesmo credor, substituindo-se apenas a *causa debendi*. A obrigação extingue-se quando as partes substituem a obrigação originária por uma nova obrigação, com objeto a título diferente.

Vejamos um exemplo: Gama Ltda. é credora de Delta Ltda., em decorrência de um contrato de serviços. No vencimento, Delta Ltda. não consegue pagar. Celebra acordo com Gama Ltda., pelo qual extinguem a dívida. Por outro lado, Delta Ltda. emite a favor de Gama Ltda. uma nota promissória, confessando nova dívida. É como se a nota promissória fosse entregue em pagamento da dívida; houve portanto um pagamento indireto. A novação, nesses termos, é chamada de objetiva ou real, pois substituiu apenas o objeto do pagamento. Havia uma dívida contratual, surgindo em lugar dela uma dívida cambiária.

18.3. Novação subjetiva

A novação subjetiva ou pessoal ocorre quando houver substituição de uma das partes da relação obrigacional, seja o devedor, seja o credor, embora esta última aconteça de forma mais rara. A novação, por substituição do devedor, pode ser efetuada independentemente de consentimento deste (art. 362). Destarte, dá-se a novação subjetiva, com a substituição do devedor, quando um terceiro assume uma dívida contraída por outrem, tomando o lugar deste, mesmo sem o consentimento do devedor originário.

Deverá haver, contudo, a aprovação do credor, assumindo este as conseqüências da substituição, já que ele libera o devedor originário, ao adotar um outro. Se o novo devedor for insolvente, não tem o credor, que o aceitou, ação regressiva contra o primeiro, salvo se este obteve por má-fé a substituição (art. 363).

18.4. Acessórios da obrigação novada

Consoante já visto, a novação extingue a dívida anterior e com ela seus acessórios, como, por exemplo, hipoteca que tenha garantido a dívida extinta, pois os acessórios seguem o principal *(accessorium sequuntur suum principalem)*. A novação extingue os acessórios e garantias da dívida, sempre que não houver estipulação em contrário (art. 364). Isto posto, ao ser constituída nova dívida, devem ser oferecidas novas garantias. Ou então, ao ser celebrado o acordo da novação, deverá nele ser expressamente declarado que as garantias se integram na nova dívida. Nesse caso, se a garantia for de hipoteca, o acordo deverá ser averbado na escritura.

Não aproveitará, contudo, ao credor ressalvar a hipoteca, anticrese ou penhor, se os bens dados em garantia pertencerem a terceiro, que não foi parte na novação (art. 364). Poderá entretanto o terceiro renovar essas garantias para a nova dívida. Nessas condições, se for estipulado que os bens dados em garantia sejam de terceiros, estes deverão participar da novação, declarando sua concordância. Seguindo o mesmo critério, importa exoneração do fiador a novação feita sem seu consenso com o devedor principal (art. 366). Seria o caso de um contrato de locação, com fiador. Locador e locatário extinguem esse contrato; com a extinção do contrato de locação (principal), extingue-se o de fiança (acessório). A novação implica em novo contrato de locação, que não conta com a fiança. Imperiosa se torna a participação do fiador do antigo contrato no acordo da novação, a fim de dar seu beneplácito, para que a fiança possa aderir ao novo contrato.

18.5. Novação das obrigações solidárias

Chegamos agora às obrigações solidárias. Operada a novação entre o credor e um dos devedores solidários, somente sobre os bens do que contrair a nova obrigação subsistem as preferências e garantias do crédito novado. Os outros devedores solidários ficam por esse fato exonerados. Há um credor e vários co-devedores solidários, ou seja, todos respondem pelo total da dívida. Entretanto, o credor celebra novação com um só dos devedores; os outros devedores ficam exonerados da garantia prestada pelo co-devedor.

18.6. Novação de obrigações extintas

Não se podem validar por novação obrigações nulas ou extintas (art. 367). A obrigação simplesmente anulável pode ser confirmada pela novação. Aplica-se, neste caso, a teoria das nulidades dos atos jurídicos. A obrigação nula ou extinta é obrigação morta; não pode criar nova vida pela novação. Um ato jurídico anulável é válido até que seja anulado e pode ser confirmado. É o caso de um menor de 18 anos e maior de 16 que se casa sem licença dos pais; esse casamento é anulável. Porém, o pai concede posteriormente autorização a esse casamento; fica ele validado. O mesmo ocorre com uma letra de câmbio aceita por esse menor; poderá ela ser anulada. Entretanto, sobrevém a maioridade do aceitante e ele não empreende a anulação da letra. As obrigações decorrentes dessa letra de câmbio passam a ser eficazes.

NOVO CÓDIGO CIVIL

DA NOVAÇÃO

Art. 360. Dá-se a novação:
I - quando o devedor contrai com o credor nova dívida para extinguir e substituir a anterior;
II - quando novo devedor sucede ao antigo, ficando este quite com o credor;
III - quando, em virtude de obrigação nova, outro credor é substituído ao antigo, ficando o devedor quite com este.

Art. 361. Não havendo ânimo de novar, expresso ou tácito mas inequívoco, a segunda obrigação confirma simplesmente a primeira.

Art. 362. A novação por substituição do devedor pode ser efetuada independentemente de consentimento deste.

Art. 363. Se o novo devedor for insolvente, não tem o credor, que o aceitou, ação regressiva contra o primeiro, salvo se este obteve por má-fé a substituição.

Art. 364. A novação extingue os acessórios e garantias da dívida, sempre que não houver estipulação em contrário. Não aproveitará, contudo, ao credor ressalvar o penhor, a hipoteca ou a anticrese, se os bens dados em garantia pertencerem a terceiro que não foi parte na novação.

Art. 365. Operada a novação entre o credor e um dos devedores solidários, somente sobre os bens do que contrair a nova obrigação subsistem as preferências e garantias do crédito novado. Os outros devedores solidários ficam por esse fato exonerados.

Art. 366. Importa exoneração do fiador a novação feita sem seu consenso com o devedor principal.

Art. 367. Salvo as obrigações simplesmente anuláveis, não podem ser objeto de novação obrigações nulas ou extintas.

19. DA COMPENSAÇÃO

19.1. Conceito e requisitos
19.2. Tipos de compensação
19.3. Obrigações de causas diferentes
19.4. Pluralidade de obrigações
19.5. Obrigações solidárias
19.6. Obrigações não-compensáveis
19.7. Direitos do fiador
19.8. Compensação na cessão de crédito
19.9. Utilidade da compensação

19.1. Conceito e requisitos

A compensação é também um modo indireto de extinção das obrigações. Baseada na eqüidade e na simplicidade, é a extinção de duas obrigações opostas, ao mesmo tempo. Está prevista nos arts. 368 a 380 do Código Civil e no art. 438 do Código Comercial. Se duas pessoas forem ao mesmo tempo credor e devedor uma da outra, as duas obrigações extinguem-se, até onde se compensarem (art. 368). As duas partes são pois devedores recíprocos. Ex: Zeta deve para ETA e ETA deve para Zeta. Digamos que Alfa Ltda. deve R$ 10.000,00 para Beta Ltda.; esta última, por sua vez, deve R$ 5.000,00 para Alfa Ltda. São ambas as empresas devedoras e credoras recíprocas. Poderia ser possível que o crédito de uma contra outra e vice-versa fosse do mesmo valor. Nesse caso, ficariam extintas as obrigações de ambas, por completo.

Essa modalidade de extinção de obrigações exige certos requisitos: liquidez, exigibilidade, homogeneidade. Não são todas as dívidas suscetíveis de serem compensadas. A compensação efetua-se entre dívidas líquidas, vencidas e de coisas fungíveis (art. 369). Se uma dívida for ilíquida, ela é vaga, imprecisa; não há possibilidade de compensá-la com outra de valor já estabelecido. Não é possível cobrar um valor antes de ser ele fixado, determinado.

O conceito de liquidez é bem delineado no Direito brasileiro e vamos encontrá-lo em nosso Código de Processo Civil. Considera-se líquida a obrigação certa, quanto à sua existência, e determinada, quanto ao seu objeto. O requisito da liquidez indica que os créditos recíprocos, para serem compensados, devem ser determinados no seu montante, no seu valor. Eles devem ser expressos em algarismos, em uma cifra. Pelo nosso Direito, a liquidez implica em que a obrigação seja certa, que não haja controvérsia acerca da existência ou o montante do crédito. Deve ser um crédito incontestável.

Além de líquidas, as contas compensáveis devem ser certas, ou seja, sobre elas não há mais discussões. Há possibilidade, porém, de que coisas incertas sejam compensadas, embora com várias restrições. Não são compensáveis as prestações de coisas incertas, quando a escolha pertence aos dois credores, ou a um deles como devedor de uma das obrigações e credor de outra. Assim sendo, as incertas só serão compensáveis se a escolha pertencer aos dois devedores e não aos dois credores. Não serão também compensáveis se a escolha couber a uma parte que seja devedor de uma das obrigações e credor da outra; nesse caso, uma parte priva a outra de avaliar seus direitos.

O segundo requisito é o da exigibilidade. O art. 369 não fala em dívidas exigíveis, mas vencidas. Deve haver a possibilidade de o titular do crédito fazê-lo valer judicialmente, com execução forçada da prestação. Por esse motivo, não só as dívidas vincendas como também as prescritas estarão fora da compensação. Há uma exceção: os prazos de favor, embora consagrados pelo uso geral, não obstam a compensação. O credor poderá ter prorrogado graciosamente uma dívida; contudo, se o devedor da dívida prorrogada foi beneficiado pela liberalidade do credor, não será justo que se oponha à compensação, exigindo o pagamento de seu crédito e mantendo seu débito em suspenso.

O terceiro requisito da compensação é o de que as obrigações sejam fungíveis. Não é possível compensar uma dívida pecuniária com a prestação de serviços, ou duas prestações de serviços de natureza diferente. Além da fungibilidade, necessário se torna que as dívidas sejam homogêneas. Embora sejam do mesmo gênero, as coisas fungíveis, objeto das duas prestações, não se compensarão, verificando-se que diferem na qualidade, quando especificada no contrato (art. 370). Por exemplo: uma empresa obrigou-se a fornecer a outra 100 arrobas de feijão-branco; mas a compradora está comprometida a entregar à vendedora 50 arrobas de feijão-jalo. Não é possível essa compensação, pois as obrigações não são homogêneas, embora fungíveis. São fungíveis em si mesmas, mas não fungíveis entre si. Assim, a compensação se verifica somente entre dois débitos que tenham por objeto uma soma de dinheiro ou uma quantidade de coisas fungíveis do mesmo gênero e que sejam igualmente líquidos e exigíveis (art. 1.243 do Código Civil italiano).

19.2. Tipos de compensação

Conhecem-se três tipos de compensação: a convencional, se depender da manifestação de vontade, a legal, se decorrer da lei, e a judicial, se for determinada por sentença do juiz. O Código Civil não faz referência a esses tipos, mas revela a possibilidade delas nas próprias disposições legais.

A compensação convencional é também chamada voluntária. Pela vontade das partes pode efetuar-se a compensação, mesmo sem precisar recorrer às condições previstas na lei (art. 1.252 do Código Civil italiano). Não se quer dizer que se confere às partes o direito de derrogarem consensualmente as condições estabelecidas pela lei, para que a compensação se concretize. Há várias restrições à convencional, que a própria lei prevê, como a compensação de débitos-créditos solidários, e das obrigações de Direito público.

A compensação legal decorre da lei e parece ser a principal e a única prevista em nossa lei, pois quase todos os artigos estabelecem normas sobre esse tipo de compensação. O primeiro artigo desse capítulo, o de nº 368, estabelece legalmente: se duas pessoas forem ao mesmo tempo credor e devedor uma da outra, as duas obrigações extinguem-se, até onde se compensarem. É o primeiro caso de compensação *ex lege*. Todavia, ela não se opera por si mesma, *ipso jure*.

A judicial ocorre quando uma das partes recorre à justiça, invocando seu direito creditório, e a outra opõe-se, alegando ter também um direito contra o autor da ação. Trata-se então de uma reconvenção, tal qual é regulamentada pelo Código de Processo Civil. O ato decisório do juiz determina a compensação do crédito do Réu com o valor reclamado pelo Autor.

19.3. Obrigações de causas diferentes

No princípio, a compensação dever-se-ia fazer entre débitos que tivessem a mesma causa, a mesma fonte. Nada obsta, entretanto, no Direito moderno, que uma dívida originada pelo fornecimento de mercadorias de Ômega Ltda. a ETA Ltda. se compense com uma dívida originada de um empréstimo de ETA Ltda. para Ômega Ltda. A diferença de causa nas dívidas não impede a compensação (art. 373).

Haverá entretanto três exceções: se uma provier de esbulho, furto ou roubo; se uma se originar de comodato, depósito ou alimentos, ou se uma for de coisa não suscetível de penhora. Justifica-se a primeira por não poder um crime proporcionar atos lícitos em troca, ou um delito gerar direitos para o infrator da lei. A segunda exceção é causada por não serem os alimentos suscetíveis de transação e as dívidas por comodato e depósito não se prestarem a compensação, em vista de serem também de confiança pessoal entre as partes e terem normalmente objetos não-fungíveis. A terceira exceção é a de uma dívida não-suscetível de penhora, como alimentos, uma aliança de brilhantes e outras previstas como impenhoráveis no Código de Processo Civil.

19.4. Pluralidade de obrigações

É possível entretanto que uma das partes tenha uma só dívida e a outra várias dívidas recíprocas. Resta saber então com qual das dívidas a compensação operará. Neste caso serão observadas as regras estabelecidas quanto à imputação de pagamento (art. 379). Foi estudada neste volume a imputação de pagamento, que é tratada pelos arts. 352 a 355.

Examinemos um exemplo: PI Ltda. tem três dívidas para com RO Ltda., as três no valor de R$ 40.000,00. Por outro lado, RO Ltda. tem uma

só dívida para com PI Ltda., também no valor de R$ 40.000,00. Qual das três dívidas de PI Ltda. se compensará com a de RO Ltda? Segundo as regras da imputação de pagamento, dos arts. 352 a 355, as soluções serão as seguintes:
a) RO Ltda. deverá indicar qual dos três débitos deseja compensar, se todos forem líquidos e vencidos;
b) se RO Ltda. não fizer a indicação, PI Ltda. escolherá qual o débito de PI Ltda. a ser compensado.

19.5. Obrigações solidárias

É difícil e delicado lidar com obrigações solidárias, mormente quanto ao pagamento indireto, como compensação, novação, transação, remissão e outras. O devedor solidário só pode compensar com o credor o que este deve ao seu coobrigado, até ao equivalente da parte deste na dívida comum. É o que ocorrerá na hipótese seguinte:
– Sigma, Ômega e Epsilon devem R$ 6.000,00 a Zeta;
– Zeta deve R$ 3.000,00 a Ômega;
– Zeta cobra seu crédito só de Ômega;
– Ômega oporá a compensação dos débitos de Sigma e Epsilon, ou seja, sem prejudicar Sigma e Epsilon, obrigando-os a pagar além da cota de cada um, que é de R$ 1.000,00.

19.6. Obrigações não-compensáveis

Nem sempre se pratica a compensação, pois ela é vedada, pela lei, por diversos motivos. Não pode realizar-se a compensação, havendo renúncia prévia de um dos devedores. Trata-se de um negócio jurídico bilateral e, desde que um dos componentes não a adote, não pode a compensação se operar. Essa disposição aplica-se apenas à compensação convencional. Além disso, não haverá compensação quando credor e devedor por mútuo acordo a excluírem. Se uma das partes exclui a compensação ela não se realiza, muito menos se for arredada por ambas as partes.

As dívidas fiscais da União, dos Estados e dos Municípios também não podem ser objeto de compensação, exceto nos casos de encontro entre a administração e o devedor, autorizados nas leis e regulamentos da Fazenda. Realmente o Código Tributário Nacional permite a compensação em casos especiais, mas é ela pouco aplicada, por ser muito delicada. A administração pública não tem mobilidade e liberdade para acordos com seus devedores. É um risco mantê-los, por ensejar acusações de fraude.

Outra impossibilidade de compensação é a dívida de quem se obrigou a favor de outra pessoa. Obrigando-se por terceiro uma pessoa, não pode compensar essa dívida com a que o credor dele lhe dever (art. 376). Vejamos o caso seguinte:

– Pedro tem uma dívida para com João;
– Paulo é o fiador dessa dívida;
– João, por sua vez, tem uma dívida para com Paulo.

Porém, Paulo pretende compensar a fiança com a dívida que João lhe deve. Não será possível, segundo o art. 376, mesmo porque diz o art. 371 que o devedor só pode compensar com o credor o que este lhe dever.

A quarta exclusão da compensação está prevista no art. 380: não se admite a compensação em prejuízo de terceiro. O devedor que se torne credor do seu credor, depois de penhorado o crédito deste, não pode opor ao exeqüente a compensação, de que contra o próprio credor disporia. Está aqui indicado um exemplo em que um terceiro seria prejudicado se for aplicada a compensação; vejamos a aplicação do disposto no art. 380:

– Alfa é credora de Beta;
– Gama é credora de Alfa, mas como Alfa não pagou, penhorou o crédito de Alfa para com Beta;
– Depois da penhora, Beta tornou-se credora de Alfa (que já era devedora);
– Beta quer então compensar sua dívida com Alfa, prejudicando Gama, que é um terceiro.

Uma quinta exclusão aparece, embora o obstáculo possa ser removido. Quando as duas dívidas não são pagáveis no mesmo lugar, não se podem compensar sem dedução das despesas necessárias à operação (art. 378). Um dos requisitos exigidos para a compensação é o de que as dívidas sejam cobráveis no mesmo lugar. Essa exigência se faz necessária porquanto a cobrança das dívidas poderá provocar gastos. Entretanto, esse entrave pode ser facilmente superado, para que a compensação se efetue: cada parte desconta do valor de seu crédito as despesas de cobrança, sobrando um saldo compensável.

19.7. Direitos do fiador

De acordo com o que foi falado, a compensação só se aplica quando um credor é, ao mesmo tempo, devedor da pessoa obrigada a ele. São devedores-credores recíprocos. A compensação tem duas partes, não se cogitando da intervenção de terceiros. O devedor só pode compensar com o credor o que este lhe dever; mas o fiador pode compensar sua dívida com a de seu credor ao afiançado.

Vê-se pois que há uma exceção: um terceiro pode ingressar na operação compensatória, mesmo indiretamente. Nesse caso é o fiador de uma das partes; é um terceiro interessado. É possível a compensação do débito do fiador com o do credor junto ao afiançado. Se o fiador compensar seu débito com o que lhe deve o credor de seu afiançado, poderá exercer contra este o direito de regresso, exigindo dele o que foi pago pelo fiador.

19.8. Compensação na cessão de crédito

Consoante será visto adiante, no estudo da cessão de crédito, o credor pode ceder seu crédito a um terceiro. Não é necessária a conformidade do devedor, mas este tem de ser notificado da cessão, podendo opor exceção, caso tenha fundamento legal. O devedor que, notificado, nada opõe à cessão, que o credor faz a terceiros, dos seus direitos, não pode opor ao cessionário a compensação, que antes da cessão teria podido opor ao cedente. Se, porém, a cessão lhe não tiver sido notificada, poderá opor ao cessionário compensação do crédito que antes tinha contra o cedente (art. 377).

Com a cessão, o credor fica substituído por outro. Se o devedor não tiver sido notificado da transferência do crédito, poderá propor compensação com o novo credor. Se, contudo, tiver sido notificado da cessão e não se opôs a ela, perderá o direito de opor a compensação com o novo credor.

19.9. Utilidade da compensação

A extinção dos dois débitos-créditos fundamenta-se sobre a exigência da simplicidade e da eqüidade. Da simplicidade porque se evita um inútil circuito de ações solutórias, ou, pior ainda, de ações executivas, uma vez que se afasta, a cargo da parte mais diligente em adimplir, o risco da insolvência da contraparte. Evita dois pagamentos com circulação da moeda. Economiza tempo, esforços e desgaste. Tornou-se assim uma técnica de solução simplificada de obrigações.

Importante aplicação desse instituto é o estabelecimento das câmaras de compensação *(clearing house),* como a câmara de compensação do Banco do Brasil. Nota-se que quando alguém recebe um cheque e o deposita num banco, no outro dia o cheque já está creditado na conta.

Como se opera a cobrança do cheque com tanta rapidez e facilidade? Façamos a imagem de pessoas que depositam cheques: umas no Itaú, outras no Bradesco. O Itaú apresenta todos os cheques sacados contra o Bradesco na câmara de compensação do Banco do Brasil. Por outro lado, o Bradesco leva à câmara de compensação todos os cheques sacados contra o Itaú. O montante do valor dos cheques de cada banco se compensa. O saldo é lançado numa conta para acerto no dia seguinte com nova compensação. Se não houvesse a câmara de compensação, os bancos teriam de pagar em dinheiro o valor de cada cheque.

Aplicação vulgarizada da compensação é a da c/c, como, por exemplo, a c/c bancária. O correntista, ao fazer um depósito, tem um lançamento a seu crédito e, ao sacar um cheque, ao seu débito. Compensando-se essas remessas recíprocas, vai sobrando um saldo, que representará uma dívida única. Quando houver então a dualidade débito-crédito, automaticamente eles se compensam, facilitando a contabilidade das duas partes.

Além disso, a compensação atende ao princípio de eqüidade, por dar as mesmas garantias às duas partes. Se não se aplicasse a compensação, uma parte cumpriria sua prestação e a outra poderia inadimplir. Por exemplo: Sigma deve a Ômega e Ômega deve a Sigma, dívidas líquidas e exigíveis. Sigma paga sua prestação para com Ômega, mas esta pede concordata logo em seguida, suspendendo a sua prestação. Tornou-se injusta a solução do problema. Outra aplicação: uma empresa tem vários débitos e créditos com outra, mas tem sua falência decretada. Em conseqüência, seus débitos entrarão no processo de falência e só serão solvidos se sobrar dinheiro. Ao revés, os créditos da empresa falida seriam exigidos. Haveria assim um enriquecimento indevido da massa falida. Por essa razão, estabelece a Lei Falimentar que na falência de uma empresa os débitos-créditos se compensam.

NOVO CÓDIGO CIVIL

Da Compensação

Art. 368. Se duas pessoas forem ao mesmo tempo credor e devedor uma da outra, as duas obrigações extinguem-se, até onde se compensarem.

Art. 369. A compensação efetua-se entre dívidas líquidas, vencidas e de coisas fungíveis.

Art. 370. Embora sejam do mesmo gênero as coisas fungíveis, objeto das duas prestações, não se compensarão, verificando-se que diferem na qualidade, quando especificada no contrato.

Art. 371. O devedor somente pode compensar com o credor o que este lhe dever; mas o fiador pode compensar sua dívida com a de seu credor ao afiançado.

Art. 372. Os prazos de favor, embora consagrados pelo uso geral, não obstam a compensação.

Art. 373. A diferença de causa nas dívidas não impede a compensação, exceto:

I - se provier de esbulho, furto ou roubo;

II - se uma se originar de comodato, depósito ou alimentos;

III - se uma for de coisa não suscetível de penhora.

Art. 374. A matéria da compensação, no que concerne às dívidas fiscais e parafiscais, é regida pelo disposto neste capítulo.

Art. 375. Não haverá compensação quando as partes, por mútuo acordo, a excluírem, ou no caso de renúncia prévia de uma delas.

Art. 376. Obrigando-se por terceiro uma pessoa, não pode compensar essa dívida com a que o credor dele lhe dever.

Art. 377. O devedor que, notificado, nada opõe à cessão que o credor faz a terceiros dos seus direitos, não pode opor ao cessionário a compensação, que antes da cessão teria podido opor ao cedente. Se, porém, a cessão lhe não tiver sido notificada, poderá opor ao cessionário compensação do crédito que antes tinha contra o cedente.

Art. 378. Quando as duas dívidas não são pagáveis no mesmo lugar, não se podem compensar sem dedução das despesas necessárias à operação.

Art. 379. Sendo a mesma pessoa obrigada por várias dívidas compensáveis, serão observadas, no compensá-las, as regras estabelecidas quanto à imputação do pagamento.

Art. 380. Não se admite a compensação em prejuízo de direito de terceiro. O devedor que se torne credor do seu credor, depois de penhorado o crédito deste, não pode opor ao exeqüente a compensação, de que contra o próprio credor disporia.

20. DA TRANSAÇÃO

20.1. Conceito de transação
20.2. Tipos de transação
20.3. Efeitos da transação
20.4. Direitos transacionais

20.1. Conceito de transação

A transação é um modo de extinção das obrigações diverso do adimplemento, pelo qual as partes fazem concessões recíprocas, pondo fim a uma lide já começada, ou preveem uma lide que possa surgir entre elas (art. 1.965 do Código Civil italiano). Agindo diplomaticamente, cada parte abre mão de parte de seus direitos, visando a remover os entraves opostos para a solução de dívidas, até chegar a um denominador comum. É preciso pois que ambas as partes transacionem, arcando com ônus e auferindo vantagem de forma recíproca. Não há transação se uma das partes capitula perante a outra e abre mão de seus direitos, sem que haja uma reciprocidade.

Todavia, não é apenas na solução de litígios que se manifesta a transação, mas prevê o modo de solução de uma lide que possa surgir. Por isso, diz o art. 1.025 de Código Civil que é lícito aos interessados prevenirem ou terminarem o litígio, mediante concessões mútuas.

A obrigação deverá ser extinta de forma completa e cabal. Sendo nula qualquer das cláusulas da transação, nula será esta (art. 1.026). É portanto indivisível. O parágrafo único, entretanto, expõe uma exceção: quando a transação versar sobre direitos contestados e não prevalecer em relação a um, fica, não obstante, válida relativamente aos outros. É possível assim estabelecer-se uma transação que não inclua um determinado direito que esteja ilíquido; implica esse caso em que a parte tenha diversos direitos que são transacionados, ficando fora dela um direito excepcional.

Ressalta o art. 1.027 o caráter declaratório da transação; é uma declaração de renúncia de direitos. A transação interpreta-se restritivamente; a ela não deve ser aplicada a analogia, resumindo-se exclusivamente ao teor do instrumento da transação, não podendo se estender a fatos que não estejam declarados nele.

A transação far-se-á por escritura pública, nas obrigações em que a lei o exige, ou por instrumento particular, nas em que ela o admite; se recair sobre direitos contestados em juízo, será feita por escritura pública ou por termo nos autos, assinados pelos transigentes e homologados pelo juiz (art. 842). A transação pressupõe um conflito de interesses, em potencial ou já levado aos tribunais. Se ainda não se transformou numa lide visa a evitar o processo; se já estiver submetida à solução judicial, visa a evitar o desgaste das partes envolvidas no processo. A transação é portanto judicial e extrajudicial.

Dada a evicção da coisa renunciada por um dos transigentes, ou por ele transferida à outra parte, não revive a obrigação extinta pela transação, mas ao evicto cabe o direito de reclamar perdas e danos (art. 845). Fato posterior poderá tumultuar o relacionamento sobre direito a uma coisa, como imóvel ou automóvel. Após a discussão resolvida, a parte que tenha ficado com a coisa discutida não vem a perdê-la por força da evicção. Esse tumulto não vai anular a transação restaurando o conflito já resolvido. Entretanto, a parte prejudicada, o evicto, tem o direito de pedir reparação de danos. A evicção não possui efeito repristinatório.

Se um dos transigentes adquirir depois da transação, novo direito sobre a coisa renunciada ou transferida, a transação feita não o inibirá de exercê-lo. Exemplo disso é o caso retro referido: o evicto perdeu a coisa e essa perda deu-lhe o direito de reclamar o ressarcimento dos prejuízos.

É admissível, na transação, a pena convencional (art. 847). Será a valorização do acordo, evitando na transação possível fraude ou enriquecimento indevido. É o caso de se estabelecer multa para a parte responsável pela evicção da coisa transacionada.

Sendo nula qualquer das cláusulas da transação, nula será esta. Quando a transação versar sobre diversos direitos contestados, independentes entre si, o fato de não prevalecer em relação a um não prejudicará os demais (art. 848). É o princípio da indivisibilidade da transação. Todavia, se ela versar sobre vários direitos independentes entre si, não prevalecerá a indivisibilidade, pois eles já são divididos e autônomos.

A transação só se anula por dolo, coação, ou erro essencial quanto à pessoa ou coisa controversa. A transação não se anula por erro de direito ao respeito das questões que foram objeto de controvérsia entre as partes (art. 849). No Código antigo, a transação figurava como forma de extinção de obrigações. No novo Código foi ela deslocada para o Direito Contratual, mas a regulamentação que lhe é dada, faz entender que permanece o conceito antigo, conforme se vê no art. 840: "É lícito aos interessados prevenirem ou terminarem o litígio mediante concessões mútuas". Portanto, o objetivo da transação fica claro no art. 840.

Como as partes irão atingir esse objetivo? Será por meio de um acordo com natureza típica de contrato. Não é, pois, sem motivo, que a transação passou para a área do Direito Contratual. Nesse aspecto nosso Código absorveu o espírito, mas não a letra do Código Civil italiano, que considera a transação um contrato, como se vê no art. 1.965:

La transazione è il contratto col quale le parti facendo concessioni reciproche, pongono fine una lite già incominciata o prevengono una lite che può sorgere tra loro. Con le reciproche concessioni si possono creare, modificare e estingere anche rapporti diversi da quello che ha formato oggetto della pretesa e della contestazione delle parti.	A transação é o contrato com o qual as partes fazendo concessões recíprocas, põem fim a uma lide já começada ou prevêem uma lide que pode surgir entre eles. Com as recíprocas concessões podem-se criar, modificar e extinguir também relações diferentes daquela que formou o objeto da pretensão e da contestação das partes.

Destarte, chega-se ao objeto da transação e o meio de que se servem as partes para atingir o objetivo. O objetivo é a justa composição da lide; o modo de se obter esse objetivo é o contrato de transação. Como todos os contratos, o de transação pode ser anulado segundo as normas da teoria das nulidades. É também fonte de novas obrigações.

É nula a transação a respeito de litígio decidido por sentença passada em julgado, se dela não tinha ciência algum dos transatores, ou quando, por título ulteriormente descoberto, se verificar que nenhum deles tinha direito sobre o objeto da transação (art. 850). Conforme já visto, a transação visa a pôr fim a litígio ou evitá-lo. Se esse litígio foi resolvido judicialmente não mais é possível solucioná-lo.

20.2. Tipos de transação

Vislumbram-se dois tipos de transação: a judicial e a extrajudicial. A judicial recai sobre direitos contestados em juízo. É de regra que nas audiências judiciais o juiz pergunte às partes se elas estão dispostas à transação, ou seja, se há possibilidade de acordo. Havendo transação, será lavrado acordo por termo nos autos, assinado pelas partes transigentes. O acordo deverá ser homologado pelo juiz, dando término ao litígio e às obrigações. A homologação é o reconhecimento judicial de um ato praticado por outras pessoas. A sentença homologatória, com trânsito em julgado, é um título executivo, segundo o art. 584-III do Código de Processo Civil; se uma das partes contrariar a própria decisão, poderá a outra executar o acordo homologado.

Não sendo judicial, ou seja, se os direitos transacionados não estiverem sendo discutidos em juízo, poderá haver transação extrajudicial;

é uma convenção entre as partes. Não haverá, neste caso, muitas formalidades; poderá ser por escritura pública, nas obrigações em que a lei o exige, ou particular nas em que ela o admite (art. 1.028-II e 1.029). O art. 1.967 do Código Civil italiano também exige que ela seja provada por escrito.

Seja a transação formalizada por termo nos autos, seja por instrumento público ou particular, produz entre as partes o efeito de coisa julgada, e só se rescinde por dolo, violência ou erro essencial quanto à pessoa ou coisa controversa (art. 1.030). A questão transacionada está pois extinta. Tratando-se de sentença judicial, caberá o recurso de apelação. Referindo-se a instrumento público ou particular, poderá ser rescindido em ação rescisória, restringindo-se os motivos à existência de dolo, violência ou erro essencial quanto à pessoa ou coisa controversa.

20.3. Efeitos da transação

A transação não tem efeito *erga omnes,* mas *inter allios,* ou seja, seus efeitos restringem-se às partes transigentes. A transação não aproveita, nem prejudica senão aos que nela intervieram, ainda que diga respeito a coisa indivisível. Não será tampouco justo que alguém tenha de suportar o ônus de acertos entre outras pessoas. Por exemplo: Epsilon Ltda. tem suas cotas vendidas a Delta Ltda. e ambas acertam que uma dívida de Epsilon Ltda. será paga por Delta Ltda. para a credora Ômega Ltda. No dia do vencimento, a credora exige o pagamento do devedor originário Epsilon Ltda., não lhe importando que acordo existe entre duas empresas estranhas. Senão, teriam promovido uma festa sem convidar o dono da casa.

Três parágrafos do art. 844, entretanto, trazem exceção a essa regra. A primeira ocasião em que a transação afetará um terceiro é quando ela for concluída entre o credor e o devedor principal: desobrigará o fiador. Esta é a conseqüência natural da extinção de uma obrigação principal: extingue-se também a acessória. A segunda ocorre quando se tratar de obrigação solidária: se um dos credores solidários transige com o devedor dessa obrigação, extingue a obrigação do devedor para com os demais credores. A terceira exceção é quanto aos devedores: se a transação se der entre um dos devedores solidários e seu credor, extingue a dívida em relação aos co-devedores.

20.4. Direitos transacionais

Nem todo direito é suscetível de transação. Só quanto a direitos patrimoniais de caráter privado se permite a transação (art. 841). Não é possível transigir sobre direitos pessoais inalienáveis, como acontece comumente no Direito de Família. A transação é mais apropriada no campo do Direito Empresarial. Não é conveniente uma empresa entrar em choque com o banco que a serve, nem o banco com seu cliente. Uma empresa que não transige com seu fornecedor ou seu comprador, arrisca-se a perdê-los. Nos conflitos de caráter empresarial, evita-se a radicalização do "tudo ou nada".

Difícil se torna a transação no campo do Direito Público. O Código Tributário Nacional prevê, entretanto, alguns casos de transação em matéria tributária, embora com vários limites. No Direito Penal também não se aplica, mesmo em crimes contra o patrimônio. Apesar disso, o art. 846 prevê que a transação concernente a obrigações resultantes de delito não pode extinguir a ação penal da justiça pública. Por exemplo: uma empresa fornece mercadorias, recebendo em pagamento um cheque que não é pago por falta de fundos. Faz iniciar ação penal contra o emitente, mas este posteriormente transaciona com a prejudicada, indenizando-a. Ficou extinta a responsabilidade civil do emitente, não mais podendo a empresa cobrar o valor do cheque. Todavia, a ação penal prossegue.

21. DA CONFUSÃO

21.1. Conceito e efeitos da confusão
21.2. Aplicação do instituto
21.3. Confusão na obrigação solidária
21.4. Revivescência da obrigação

21.1. Conceito e efeitos da confusão

Numa relação obrigacional haverá dois pólos: o ativo e o passivo. No pólo ativo está o credor, isto é, quem tem o poder de exigir; no passivo está o devedor, ou seja, quem tem o dever de cumprir. É possível, entretanto, que fato posterior e estranho à relação obrigacional faça com que se confundam as pessoas do devedor e do credor numa só pessoa, rompendo, pois, o dualismo obrigatório num crédito. E não é possível haver crédito sem débito e vice-versa, ou devedor devendo para si mesmo.

Se na mesma pessoa se confundirem as qualidades de credor e devedor, extingue-se a obrigação (art. 311). A confusão pode verificar-se a respeito de toda a dívida, ou só de parte dela (art. 382). A confusão tem como efeito imediato a extinção da dívida.

A obrigação extingue-se por ser incompatível a coexistência, no mesmo sujeito, das qualidades opostas de credor e devedor. O mesmo efeito nos revela o direito italiano: "quando as qualidades do credor e do devedor se reúnem na mesma pessoa, a obrigação se extingue, e os terceiros que tenham prestado garantia para o devedor ficam liberados".

No exato instante em que se verifica a confusão no débito e no crédito, por parte do credor ou do devedor, dá-se a extinção da relação obrigacional, causada pela perda de pluralidade essencial das partes dessa relação. A sucessão no débito e no crédito e a extinção da relação são fenômenos cronologicamente coincidentes. A relação obrigacional morre no momento em que se processa a sucessão.

Embora nosso Código Civil não tenha feito alusão, como faz o congênere italiano, sobre a extensão dos efeitos a terceiro, dogmaticamente essa conseqüência é evidente. Se terceiros prestarem garantia ao cumprimento de uma obrigação e esta se extingue, automaticamente os efeitos da extinção atingem a garantia. Assenta-se no princípio de que, se a obrigação principal foi extinta, também estará extinta a acessória *(accessorium sequuntur suum principalem)*. Todavia, o mesmo não se dá quanto a direitos de credores sobre o débito. A confusão não opera em prejuízo dos terceiros, que tenham adquirido direitos de usufruto ou de penhor sobre o crédito. A confusão opera pois intimamente, não podendo atentar contra direitos de terceiros e causar-lhes prejuízos.

21.2. Aplicação do instituto

Como poderá uma pessoa tornar-se credora de si mesma ou autodevedora? Não é comum essa ocorrência, mas possível em vários casos. Os mais freqüentes verificam-se no Direito das Sucessões. Digamos que um devedor tenha uma dívida para com seu pai; este vem a falecer, deixando de herança para seu filho essa dívida. O filho torna-se credor da herança e ficou assim credor do próprio débito.

Imaginemos esta ocorrência com um título de crédito: Alfa emite uma nota promissória a favor de Beta e esta a transfere para Gama, por endosso. Antes do vencimento, Gama endossa essa nota promissória a favor de Alfa. Assim sendo, Alfa é a emitente na nota promissória e devedora direta do valor do título. Entretanto, tornou-se portadora-endossatária dele e destarte a credora da soma cambial. Cessou o interesse de Alfa em exigir o cumprimento da prestação, pois não haverá mudança no seu patrimônio.

Examinemos um outro caso: a empresa Zeta S/A é credora de Sigma S/A. Opera-se entretanto a incorporação de uma empresa por outra: Zeta S/A incorpora Sigma S/A, ou seja, a sua devedora, passando a haver uma só: a Zeta S/A. Tornou-se ela portanto, credora de si própria, o que faz extinguir essa obrigação. Zeta S/A passou a ser a sucessora de Sigma S/A.

Não há confusão quando alguém tiver débito ou crédito com uma sociedade mercantil de cujo capital participe. Trata-se de pessoas distintas: a sociedade e o sócio, cada qual com uma personalidade jurídica. Tal não se dá no casamento: a noiva deve para seu noivo, mas eles se casam. A dívida entra para o patrimônio do casal, que deverá pagar a ele próprio. Entre a empresa e o empresário, porém, a obrigação permanece. Por exemplo: Marco Rufino é credor da empresa Ômega S/A. Entretanto, esse credor compra todas as ações da devedora, tornando-se dono absoluto dela. O credor continua sendo Marco Rufino e a devedora Sigma S/A. Subsiste portanto a obrigação.

Não há também confusão quando o credor ou devedor for representante ou procurador da outra parte, pois são pessoas distintas.

21.3. Confusão na obrigação solidária

Aspecto especial é o de uma obrigação solidária. A confusão operada na pessoa do credor ou devedor solidário só extinguirá a obrigação até a concorrência da respectiva parte no crédito, ou na dívida, subsistindo quanto ao mais a solidariedade (art. 383). A solidariedade, como foi estudada neste compêndio, acontece quando diversas pessoas são responsáveis por uma mesma dívida, cada uma respondendo pelo total dela.

Digamos então que, numa dívida solidária, um dos devedores se transforma em credor do credor: para ele a obrigação está extinta. A extinção porém não atinge os demais co-devedores, que continuam responsáveis solidários pela dívida, excluindo-se a cota do devedor confuso. Todavia, a obrigação dos outros devedores extingue-se pela parte do devedor confuso, vale dizer, deve ser abatida da dívida solidária o valor correspondente à parte do devedor que dela se retirou devido à confusão. Há pois uma extinção parcial.

21.4. Revivescência da obrigação

Disposição discutível encontra-se no art. 384: cessando a confusão, para logo se restabelece, com todos os seus acessórios, a obrigação anterior. Por exemplo: Zeta S/A e Sigma S/A se incorporaram, mas alguns acionistas conseguiram anular a incorporação. Aquela dívida de Sigma S/A, que houvera sido extinta, volta a ter eficácia; houve o restabelecimento da obrigação, retroativamente. É a revivescência da obrigação extinta pela confusão; é a ressurreição.

Rompe essa possibilidade o princípio de que o nulo produz efeito nulo *(quod nullum est nullum effectum producit)*. Se uma obrigação foi extinta, ela morreu; não pode pois reviver. A revivescência da obrigação extinta pela confusão leva-nos a inquirir da eficácia extintiva da reunião da qualidade de credor e devedor.

Estudos dos direitos italiano e francês revelam que a extinção consiste apenas numa "paralisia" da obrigação. O devedor sente-se inibido em adimplir sua obrigação por não poder pagar a si mesmo; há da sua parte um *impedimentum praestandi*. Ora, se o devedor ficou impedido de cumprir sua prestação, motivo não há para que a obrigação seja extinta, mas ficará apenas suspensa. A paralisia da obrigação representa sua ineficácia temporária, mas não sua morte.

NOVO CÓDIGO CIVIL

Da Confusão

Art. 381. Extingue-se a obrigação, desde que na mesma pessoa se confundam as qualidades de credor e devedor.

Art. 382. A confusão pode verificar-se a respeito de toda a dívida, ou só de parte dela.

Art. 383. A confusão operada na pessoa do credor ou devedor solidário só extingue a obrigação até a concorrência da respectiva parte no crédito, ou na dívida, subsistindo quanto ao mais a solidariedade.

Art. 384. Cessando a confusão, para logo se restabelece, com todos os seus acessórios, a obrigação anterior.

22. DA REMISSÃO DE DÍVIDAS

Remissão significa perdão; remir uma dívida é perdoá-la. A remissão de uma dívida é a liberação graciosa do devedor por parte do credor. É graciosa, gratuita, pois o credor abre mão de seus direitos em benefício do devedor, sem receber pagamento. Pode ela ser expressa ou tácita.

Expressa é a remissão declarada do credor; é a manifestação de vontade de perdoar a dívida, despojando-se de seu direito e liberando o devedor da obrigação. Não é um contrato, mas um ato unilateral de vontade. Deve ser declarada por escrito, em instrumento público ou particular, *inter vivos* ou *causa mortis*.

A remissão tácita consiste na prática de atos incompatíveis com a conservação do crédito, por parte do credor. É o caso previsto no art. 386: a entrega voluntária do título da obrigação, quando por escrito particular, prova a desoneração do devedor e seus coobrigados, se o credor for capaz de alienar, e o devedor, capaz de adquirir. Digamos que Manuel tenha uma nota promissória emitida a seu favor por Joaquim; entretanto, Manuel devolve para Joaquim essa nota promissória. Tem-se como perdoado o débito cambiário, ficando Joaquim liberado da obrigação. Diga-se de passagem o que estabelece o art. 324, ao falar sobre o objeto do pagamento e sua prova: a entrega do título ao devedor firma a presunção do pagamento.

O art. 387 focaliza o caso de obrigação garantida por penhor. Por exemplo: o empréstimo com penhor, que uma indústria levanta num banco, dando em garantia o penhor de um equipamento industrial. Entretanto, o banco libera o penhor, autorizando o devedor à plena posse do objeto apenhado, inclusive a alienação dele. Renunciou à garantia, mas não houve a remissão da dívida. Por isso, deixa claro o art. 387: "a entrega do objeto empenhado prova a renúncia do credor à garantia real, mas não a extinção da dívida". Fazemos porém restrições à expressão utilizada nesse artigo: "empenhado". Na moderna terminologia jurídica, há nítida diferença entre penhor, penhora e empenho, conseqüentemente entre apenhado, penhorado e empenhado. Um objeto entregue em penhor é "apenhado", e não "empenhado", como diz o Código Civil e era dito outrora.

Como ocorre na confusão, na remissão respeita-se a solidariedade, A remissão concedida a um dos co-devedores extingue a dívida na parte a ele correspondente; de modo que, ainda reservando o credor a solidariedade contra os outros, já lhes não pode cobrar o débito sem dedução da parte remitida (art. 388). Vamos fixar melhor essa situação: há uma dívida com três devedores solidários, cada um respondendo pelo total da dívida, por exemplo, de três milhões. O credor perdoa um dos três devedores solidários, extinguindo sua obrigação, mas apenas no terço que lhe caberia. Os outros dois devedores continuam com a obrigação solidária, contudo, no montante de dois milhões. Não seria justo e legal o credor isentar um dos co-devedores, sobrecarregando os demais.

A remissão da dívida, aceita pelo devedor, extingue a obrigação, mas sem prejuízo de terceiro (art. 385).

NOVO CÓDIGO CIVIL

Da Remissão das Dívidas

Art. 385. A remissão da dívida, aceita pelo devedor, extingue a obrigação, mas sem prejuízo de terceiro.

Art. 386. A devolução voluntária do título da obrigação, quando por escrito particular, prova desoneração do devedor e seus co-obrigados, se o credor for capaz de alienar, e o devedor capaz de adquirir.

Art. 387. A restituição voluntária do objeto empenhado prova a renúncia do credor à garantia real, não a extinção da dívida.

Art. 388. A remissão concedida a um dos co-devedores extingue a dívida na parte a ele correspondente; de modo que, ainda reservando o credor a solidariedade contra os outros, já lhes não pode cobrar o débito sem dedução da parte remitida.

23. DO INADIMPLEMENTO DAS OBRIGAÇÕES: DAS PERDAS E DANOS

23.1. Conceito e tipos de inadimplemento
23.2. Exclusão da responsabilidade
23.3. Inadimplemento contratual
23.4. Ressarcimento de danos

23.1. Conceito e tipos de inadimplemento

Princípio jurídico muito invocado no Direito Obrigacional é o do tradicional *pacta sunt servanda* (os pactos são para serem cumpridos). A obrigação, portanto, surge para ser cumprida e deve extinguir-se normalmente pelo pagamento. No mundo moderno, a terminologia jurídica adota mais o nome de adimplemento para o cumprimento da obrigação; procuraremos pois utilizar a expressão mais adequada. O inadimplemento é a falta de cumprimento da prestação devida, o descumprimento da obrigação.

Não cumprindo a obrigação, ou deixando de cumpri-la pelo modo e no tempo devidos, responde o devedor por perdas e danos, mais juros e correção monetária e honorários de advogado. Vê-se que o inadimplemento se observa de duas maneiras: a obrigação não é cumprida, ou é cumprida mas não pelo modo e no tempo devidos: é o inadimplemento relativo. Por exemplo: o devedor paga, mas com dez dias de atraso; cumpriu-se sua prestação, mas não no dia previsto. Houve no caso um inadimplemento parcial. Outro exemplo: um inquilino deposita o aluguel num banco mas com valor abaixo do devido; adimpliu sua obrigação mas não do modo previsto.

Contudo, ambos os tipos de inadimplemento acarretam ao inadimplente a responsabilidade por perdas e danos causados ao credor. O inadimplemento é o aspecto excepcional e patológico das relações obrigacionais, causando males ao credor, provocando-o a tomar medidas para satisfazer seu crédito. Impõe-se uma sanção ao devedor que repare o mal sofrido pelo credor; que se responsabilize o devedor pelo ressarcimento das perdas e danos. A indenização por perdas e danos é a recomposição do patrimônio do credor, lesado pelo inadimplemento do devedor. É um princípio quase universal, adotado pelo antigo Direito romano e seguido pela maioria dos países, conforme se vê também no art. 1.218 do Código Civil italiano:

Art. 1.218 – Responsabilità del debitore	Art. 1.218 – Responsabilidade do devedor
Il debitore che non esegue esattamente la prestazione dovuta è tenuto al risarcimento del danno, se non prova che l'inadempimento o il ritardo è stato determinato da impossibilità della prestazione derivante da causa a lui non imputabile.	O devedor que não cumprir a prestação devida torna-se obrigado ao ressarcimento do dano, se não provar que o inadimplemento ou o atraso foi determinado pela impossibilidade da prestação derivante de causa não imputável a ele.

23.2. Exclusão da responsabilidade

Pelo que se viu no artigo acima citado, o devedor poderá ficar isento de responsabilidade por perdas e danos se provar que o inadimplemento total ou parcial se deu por caso fortuito ou força maior. Assim também estabelece o art. 393 de nosso Código Civil. Responde entretanto pelos prejuízos, se expressamente se responsabilizou por eles. Segundo o parágrafo único do art. 393 o caso fortuito ou de força maior verifica-se no fato necessário, cujos efeitos não era possível evitar ou impedir. Trata-se pois de um acontecimento que impeça seriamente o adimplemento de uma obrigação. É necessário que ele seja imprevisível e irresistível, extraordinário, acima das forças humanas.

O significado de "caso fortuito" e "força maior" não é uniforme no direito de vários países. Para uns são sinônimos perfeitos e para outros há sutis diferenças: o caso fortuito é imprevisto, enquanto o de força maior pode ser previsto, mas as forças humanas não conseguem neutralizar os efeitos deles. Nossa lei, entretanto, enquadra os dois casos nos mesmos efeitos, conforme a clara redação do art. 393.

23.3. Inadimplemento contratual

Situação especial ocorre nos contratos, de acordo com o tipo deles. Nos contratos unilaterais, responde por simples culpa o contraente, a quem o contrato aproveite, e só por dolo aquele a quem não favoreça. Nos contratos bilaterais, responde cada uma das partes por culpa. Examinaremos esses aspectos. Contrato unilateral é aquele em que só uma das partes assume obrigações e a outra fica numa posição neutra. É o caso da doação, do depósito, do comodato, do mútuo. Nesses contratos, só uma das partes se obriga em face da outra; esta é exclusivamente devedora e a outra parte exclusivamente credora.

Nos contratos bilaterais responde cada uma das partes por culpa. O contrato bilateral cria obrigações para ambas as partes; há portanto deveres recíprocos, cada uma levando vantagem à custa da outra e cada uma favorecendo a outra. Devem responder pois em pé de igualdade.

O contrato de comodato é o empréstimo gratuito de uma coisa não-fungível, como um automóvel. Apenas o comodatário, ou seja, quem recebe a coisa aufere vantagens; utiliza o bem emprestado sem nada pagar. O comodante emprestou o automóvel sem auferir rendimento pelo empréstimo. O comodatário, a quem o contrato aproveite, responde por simples culpa pelas responsabilidades do comodato. O comodante, porém, a quem o contrato não favoreceu, só responderá por perdas e danos se tiver agido com dolo.

23.4. Ressarcimento de danos

De acordo com o que foi exposto, o inadimplemento de uma obrigação causa normalmente danos ao titular do direito oposto à obrigação. Impõe-se o ressarcimento dos danos causados. As perdas e danos devidos ao credor abrangem, além do que ele efetivamente perdeu, o que razoavelmente deixou de lucrar. Por esses dizeres, notam-se dois tipos de danos e perdas: danos emergentes (*danum emergens*) e lucros cessantes (*lucrum cessans*).

O lucro cessante representa o lucro negativo, vale dizer, o lucro que o credor poderia ter tido e não teve, devido ao inadimplemento do devedor. Por exemplo: uma empresa varejista no ramo de confecções compra de uma indústria roupas de lã para as vendas de inverno, que deveriam ser entregues até o mês de junho. Entretanto, a fornecedora só entrega a mercadoria em outubro, quando o inverno já passou. Essa mora não diminuiu o patrimônio da empresa varejista, mas impediu que ela vendesse a mercadoria que comprara, com os lucros previstos. Deixou de ganhar dinheiro numa época propícia.

Cabe entretanto ao credor lesado o *onus probandi* (ônus da prova) de seu prejuízo, que deverá ser claro, real e comprovado. Será obrigatória a existência de nexo de causalidade entre o dano e o inadimplemento, ou seja, este será a causa do dano. Por isso, a lei restringe a responsabilidade do devedor e a faculdade do credor na exigência do ressarcimento. Ainda que a inexecução resulte de dolo do devedor, as perdas e danos só incluem os prejuízos efetivos e os lucros cessantes por efeito dela direto e imediato.

Mais fácil se torna avaliar o ressarcimento parcial de obrigações financeiras. As perdas e danos, nas obrigações de pagamento em dinheiro, consistem nos juros da mora e custas, sem prejuízo da pena convencional. A pena convencional está prevista em contrato, sendo fácil a sua aferição. Tratando-se de atraso no pagamento, poder-se-ão contar os dias e aplicar neles a taxa legal de juros. Nesse caso, não se torna necessário provar a existência do dano, que se presume.

NOVO CÓDIGO CIVIL

TÍTULO IV
Do Inadimplemento das Obrigações

CAPÍTULO I
Disposições Gerais

Art. 389. Não cumprida a obrigação, responde o devedor por perdas e danos, mais juros e atualização monetária segundo índices oficiais regularmente estabelecidos, e honorários de advogado.

Art. 390. Nas obrigações negativas o devedor é havido por inadimplente desde o dia em que executou o ato de que se devia abster.

Art. 391. Pelo inadimplemento das obrigações respondem todos os bens do devedor.

Art. 392. Nos contratos benéficos, responde por simples culpa o contratante, a quem o contrato aproveite, e por dolo aquele a quem não favoreça. Nos contratos onerosos, responde cada uma das partes por culpa, salvo as exceções previstas em lei.

Art. 393. O devedor não responde pelos prejuízos resultantes de caso fortuito ou força maior, se expressamente não se houver por eles responsabilizado.

Parágrafo único. O caso fortuito ou de força maior verifica-se no fato necessário, cujos efeitos não era possível evitar ou impedir.

CAPÍTULO II
Da Mora

Art. 394. Considera-se em mora o devedor que não efetuar o pagamento e o credor que não quiser recebê-lo no tempo, lugar e forma que a lei ou a convenção estabelecer.

Art. 395. Responde o devedor pelos prejuízos a que sua mora der causa, mais juros, atualização dos valores monetários segundo índices oficiais regularmente estabelecidos, e honorários de advogado.

Parágrafo único. Se a prestação, devido à mora, se tornar inútil ao credor, este poderá enjeitá-la, e exigir a satisfação das perdas e danos.

Art. 396. Não havendo fato ou omissão imputável ao devedor, não incorre este em mora.

Art. 397. O inadimplemento da obrigação, positiva e líquida, no seu termo, constitui de pleno direito em mora o devedor.

Parágrafo único. Não havendo termo, a mora se constitui mediante interpelação judicial ou extrajudicial.

Art. 398. Nas obrigações provenientes de ato ilícito, considera-se o devedor em mora, desde que o praticou.

Art. 399. O devedor em mora responde pela impossibilidade da prestação, embora essa impossibilidade resulte de caso fortuito ou de força maior, se estes ocorrerem durante o atraso; salvo se provar isenção de culpa, ou que o dano sobreviria ainda quando a obrigação fosse oportunamente desempenhada.

Art. 400. A mora do credor subtrai o devedor isento de dolo à responsabilidade pela conservação da coisa, obriga o credor a ressarcir as despesas empregadas em conservá-la, e sujeita-o a recebê-la pela estimação mais favorável ao devedor, se o seu valor oscilar entre o dia estabelecido para o pagamento e o da sua efetivação.

Art. 401. Purga-se a mora:

I - por parte do devedor, oferecendo este a prestação mais a importância dos prejuízos decorrentes do dia da oferta;

II - por parte do credor, oferecendo-se este a receber o pagamento e sujeitando-se aos efeitos da mora até a mesma data.

CAPÍTULO III
Das Perdas e Danos

Art. 402. Salvo as exceções expressamente previstas em lei, as perdas e danos devidas ao credor abrangem, além do que ele efetivamente perdeu, o que razoavelmente deixou de lucrar.

Art. 403. Ainda que a inexecução resulte de dolo do devedor, as perdas e danos só incluem os prejuízos efetivos e os lucros cessantes por efeito dela direto e imediato, sem prejuízo do disposto na lei processual.

Art. 404. As perdas e danos, nas obrigações de pagamento em dinheiro, serão pagas com atualização monetária segundo índices oficiais regularmente estabelecidos, abrangendo juros, custas e honorários de advogado, sem prejuízo da pena convencional.

Parágrafo único. Provado que os juros da mora não cobrem o prejuízo, e não havendo pena convencional, pode o juiz conceder ao credor indenização suplementar.

Art. 405. Contam-se os juros de mora desde a citação inicial.

24. DOS JUROS LEGAIS

Os juros representam uma obrigação acessória do devedor, quando assume uma obrigação pecuniária. Normalmente, constituem o lucro, o rendimento, a remuneração do capital. Alguns juristas alegam que não recaem apenas sobre o dinheiro, mas sobre coisas fungíveis. Contudo, é predominantemente a remuneração do dinheiro. Constitui a principal fonte de lucros de um banco. A principal fonte de lucros de um banco comercial é a de recolher capitais e emprestá-los a quem dele necessite. Se toma dinheiro de outrem, deve pagar juros a seus prestadores de dinheiro; se coloca esses capitais nas mãos de seus clientes, cobrará a remuneração dos empréstimos.

Os juros possuem diversas facetas e são de diversos tipos, conforme o ângulo sob o qual sejam examinados. Sob o ponto de vista de sua fonte, podem ser convencionais ou legais. Os convencionais resultam de um acordo entre o credor e o devedor, como no caso dos empréstimos bancários. Ocorrem igualmente em outros tipos de contratos. Os juros legais originam-se da lei. É o caso dos juros cobrados em dívida apurada judicialmente.

Quanto à função, podem os juros ser compensatórios ou moratórios. Os compensatórios são a remuneração do capital; desde que o devedor utilize o capital alheio e com ele aufira lucros, deverá ele compensar o credor, que se privou momentaneamente de seu capital. Comumente são convencionais, principalmente no contrato de mútuo.

É permitido, mas só por cláusula expressa, fixar juros ao empréstimo de dinheiro ou de outras coisas fungíveis. Esses juros podem fixar-se abaixo ou acima da taxa legal, com ou sem capitalização. A taxa de juros moratórios, quando não convencionada, será de 6% ao ano. Embora o art. 406 fale de juros moratórios, abrange também os compensatórios. Serão também de 6% a. a. os juros devidos por força de lei, ou quando as partes os convencionarem sem taxa estipulada. Em suma, os juros legais são de 6% a.a. e essa é a taxa que deve ser aplicada quando não houver estipulação de outra.

Contudo, os juros encontram limitação estabelecida pelo Dec. 22.626/33, que foi denominado de "Lei da Usura". Diz o art. 1.º dessa lei que é vedado, e será punido quem estipular em quaisquer contratos taxas de juros superiores ao dobro da taxa legal. Nesses termos, a taxa de juros limita-se a 12% a.a., o dobro da taxa legal. Não se pode também cobrar comissão, pois seria uma forma disfarçada de se extrapolar a taxa limite de juros.

Outro tipo de juros são os moratórios. Equivalem a uma pena imposta ao devedor inadimplente; decorre do atraso no cumprimento de uma obrigação. Vencida a dívida e não paga, sobre ela correm os juros de mora. Ainda que se não alegue prejuízo, é obrigado o devedor aos juros de mora, que se contarão assim às dívidas em dinheiro, como às prestações de outra natureza, desde que lhes esteja fixado o valor pecuniário por sentença judicial, arbitramento, ou acordo entre as partes.

NOVO CÓDIGO CIVIL

CAPÍTULO IV
Dos Juros Legais

Art. 406. Quando os juros moratórios não forem convencionados, ou o forem sem taxa estipulada, ou quando provierem de determinação da lei, serão fixados segundo a taxa que estiver em vigor para a mora do pagamento de impostos devidos à Fazenda Nacional.

Art. 407. Ainda que se não alegue prejuízo, é obrigado o devedor aos juros da mora que se contarão assim às dívidas em dinheiro, como às prestações de outra natureza, uma vez que lhes esteja fixado o valor pecuniário por sentença judicial, arbitramento, ou acordo entre as partes.

25. DA CESSÃO DE CRÉDITO

25.1. Conceito e natureza jurídica
25.2. Tipos de cessão
25.3. Formalidades da cessão
25.4. Efeitos em relação ao devedor
25.5. Responsabilidade do cedente
25.6. Cessão de crédito penhorado

25.1. Conceito e natureza jurídica

A cessão de crédito é a transferência de direitos creditórios de uma pessoa para outra. É a mudança do pólo ativo da relação creditória: o credor retira-se da relação jurídica, em favor de um terceiro, que assume a posição de credor. Essa transferência pode ser a título gratuito ou oneroso. Nessa transferência surgem duas pessoas: o cedente e o cessionário. O cedente é o credor que se despoja de seus direitos creditórios, transferindo-os ao cessionário, saindo então da relação jurídica. O cessionário é o terceiro que substitui o credor originário como titular do crédito; é o adquirente do crédito, a título gratuito ou oneroso, que substitui o credor na relação creditória.

A cessão de crédito assemelha-se ao contrato de compra e venda e à doação, conforme seja a título oneroso ou gratuito respectivamente. A título oneroso é a venda de um crédito; se for a título gratuito é a doação de um crédito. Embora tenha características semelhantes às de um contrato, não é considerada um contrato, devido à figura do devedor. Não cria um direito como um contrato; o contrato criador do crédito já existe e o que se vê é apenas a substituição de uma pessoa por outra. Não vem ela regulamentada no capítulo referente aos contratos, mas vem logo após os modos extintivos das obrigações. Assim acontece em nosso Código Civil e nos de outros países; assim também ocorre no Código Civil italiano, que regula a cessão de crédito, como instituto autônomo, nos arts. 1.260 a 1.267. Nosso Código, mais minucioso, regula a cessão de crédito nos arts. 286 a 289.

Falamos aqui especificamente na cessão de direitos creditórios, donde o nome de "cessão de crédito". Contudo, segundo o Código Civil, as disposições estabelecidas para a cessão de crédito aplicam-se à cessão de outros direitos para os quais não haja modo especial de transferência.

No Direito comum e moderno, o crédito é um bem patrimonial suscetível de transferência. Essa característica do crédito foi estranha ao primitivo Direito romano, que partia de um princípio inverso: a *obligatio* era considerada como o vínculo de uma pessoa a outra, constituído até o adimplemento de uma obrigação. Como se trata quase de um *status* pessoal, não se compreende que essa situação possa transferir-se a outrem, seja por parte do credor, seja do devedor.

Contudo, após a "Lex Poetelia Papiria", a execução de dívidas não mais atingia a pessoa do devedor, mas seu patrimônio. Passou-se do sistema subjetivo para o objetivo. O elemento patrimonial introduziu-se na antiga *obligatio*. O crédito passou a ser então considerado como um bem, o valor de um patrimônio, perfeitamente transferível, reconhecida essa transferibilidade desde o "Corpus Juris Civilis". Em nossos dias, a cessão de crédito é um instituto autônomo, reconhecido e disciplinado na legislação de muitos países. É como faz o nosso, no art. 286: o credor pode ceder seu crédito, se a isso não se opuser a natureza da obrigação, a lei, ou a convenção com o devedor. Disposição igual e igualmente clara vamos encontrar no art. 1.260 do Código Civil italiano:

1.260 – Cedibilità dei crediti	1.260 – Cedibilidade dos créditos
Il creditore può trasferire a titolo oneroso o gratuito il suo credito, anche senza il consenso del debitore, purchè il credito non abbia carattere strettamente personale, o il trasferimento non sia vietato dalla legge.	O credor pode transferir a título oneroso ou gratuito o seu crédito, mesmo sem o consentimento do devedor, desde que o crédito não tenha caráter estritamente pessoal, ou a transferência não seja vedada pela lei.

Embora a disposição acima diga que o crédito seja cedível mesmo sem o consentimento do devedor, tal ocorre só quando não haja acordo com o devedor, vedando a transferência.

Salvo disposição em contrário, na cessão de um crédito se abrangem todos os seus acessórios (art. 287). Adota-se o princípio de que o acessório segue o principal (*accessorium sequuntur suum principalem*). Por exemplo, ao se vender ações de uma S/A, vendem-se também os direitos aos dividendos dessas ações. Ao ser cedido um crédito, fica cedido também direito aos juros vencidos e vincendos desse crédito.

Questão delicada é a da garantia do crédito, quando a houver. Por efeito da cessão, o crédito é transferido ao cessionário com os privilégios, com as garantias pessoais e reais e com os outros acessórios (art. 1.263 do Código Civil italiano). Por exemplo, um crédito garantido por penhor. O credor pignoratício é obrigado a manter a coisa apenhada, em bom estado, e devolvê-la quando for paga a dívida. Essas obrigações permanecem com a transferência do crédito, pois se tratam de relações jurídicas diferentes. Nessas condições, a transferência da coisa apenhada deve contar com o beneplácito do devedor, ou então, ficará o cedente coobrigado com o cessionário. A cessão de um crédito garantido por hipoteca não oferece tantos riscos, porquanto o imóvel é fixo, não se podendo dar sumiço nele.

25.2. Tipos de cessão

A cessão de crédito pode operar-se sob diversos aspectos, conforme decorra de uma convenção entre as partes, de uma decisão judicial, ou da lei; é então convencional, judicial e legal. Pode ainda ser onerosa ou gratuita. Quanto aos efeitos que produzir sobre outras obrigações, pode ser *pro soluto e pro solvendo*. Pode ser ainda total ou parcial.

A cessão de crédito é um ato marcantemente voluntário, fruto da manifestação de vontade do cedente e do cessionário: é a convencional, a conciliação de interesses de ambas as partes, como no contrato de *factoring* (fomento comercial). Pode ela ser onerosa se corresponder à venda de direitos creditórios e, nesse caso, aplicam-se a ela as disposições do contrato de compra e venda. Será gratuita se corresponder à doação do crédito.

Os outros dois casos são especiais e mais raros. A cessão de crédito judicial é a que decorre de uma sentença judicial. A cessão legal decorre da lei. Um exemplo é o caso do art. 287, do qual já falamos. Cedido um crédito, por lei ficam cedidos os acessórios. Quando a transferência do crédito se opera por força da lei, o credor originário não responde pela realidade da dívida, nem pela solvência do devedor. Note-se que na cessão de crédito convencional, o cedente é responsável pela solvência do devedor. Como o título da cessão de crédito judicial é uma sentença e o da legal um dispositivo de lei, não há necessidade de se elaborar instrumento público ou particular, como exige o art. 288.

Quanto aos efeitos que ela produz, em relação ao cedente e ao cessionário, a cessão será *pro soluto* e *pro solvendo*. É *pro soluto* se o cedente retira-se da relação creditória, não deixando qualquer vínculo, isentando-se de qualquer responsabilidade. Assim sendo, se o devedor não pagar, o cedente estará fora de risco, como acontece no *factoring*. Será *pro solvendo* se a cessão deixar para o cedente algumas responsabilidades, como a de responder pelo inadimplemento do devedor. A extinção da responsabilidade do cedente só se completa com a solvência do devedor, ou seja, quando o devedor solver o débito fica também solvida a obrigação do cedente. É o caso, por exemplo, de uma duplicata descontada em um banco. O sacador de uma duplicata é o titular dos direitos creditórios nela contidos. Ao descontá-la, o sacador cede esses direitos ao banco descontante, recebendo o valor constante da duplicata. Se porém o devedor (o sacado) não a pagar subsiste a responsabilidade do cedente em pagá-la. Só no momento em que o sacado solver o débito, solver-se-á também a responsabilidade do sacador-cedente.

Com respeito à extensão do crédito transferido, pode ser total ou parcial. A cessão total corresponde, sob outro prisma, à cessão *pro soluto*. Por ela, o cedente transfere ao cessionário todos os direitos creditórios, retirando-se totalmente da relação jurídica. É o caso das duplicatas cedidas na operação de *factoring,* também chamada de "fomento comercial". A cessão parcial ocorre se for transferida parte do valor do crédito, ou se o cedente permanece com algumas obrigações ou alguns direitos. É o que acontece com o desconto bancário. Uma duplicata pode ser descontada, não apenas pelo valor total, mas por parte desse valor. Quando o sacado pagá-la, o banco ficará com o valor descontado, mas o restante caberá ao sacador-cedente. Se for descontada pelo total e o sacado não a pagar, o cedente terá conservado o direito de recuperar a duplicata e exercer os direitos creditórios, mediante o pagamento do valor.

25.3. Formalidades da cessão

A cessão de crédito é um ato formal, a não ser quanto a créditos especiais. É o caso de um crédito com garantia hipotecária. Não vale, em relação a terceiros, a transmissão de um crédito, se não celebrar mediante instrumento público, ou instrumento particular revestido das solenidades do art. 654. Trata-se portanto de medidas para que a cessão de crédito possa valer contra terceiros, já que entre as partes ela vigorará se houver manifestação de vontade delas. Sendo formalizada por instrumento particular, precisará ser registrado no Cartório de Títulos e Documentos. Aliás, a Lei dos Registros Públicos (Lei 6.015/73) declara, no art. 129-9.º, que estão sujeitos a registro, no Registro de Títulos e Documentos, para surtir efeitos em relação a terceiros, os instrumentos de cessão de direitos e de créditos, da sub-rogação e de dação em pagamento.

No caso de cessão de crédito hipotecário, o cessionário tem, como sub-rogado, o direito de fazer inscrever a cessão na inscrição principal (art. 288). Quando a cessão de crédito for realizada por instrumento público, é formalizada em cartório, mas havendo necessidade de registro.

Tratando-se porém de cessão por sentença judicial, transferindo crédito com garantia hipotecária, deverá a sentença ser averbada na circunscrição imobiliária.

25.4. Efeitos em relação ao devedor

A cessão de crédito é uma transação jurídica realizada entre o cedente (credor) e o cessionário, não sendo obrigatória a participação do devedor. Não se deve entretanto deixá-lo ficar à margem dela, pois poderá ele, por desconhecer a transação, pagar ao credor primitivo, embora este já tivesse cedido o crédito.

Poderá então o devedor ser demandado pelo cessionário. A cessão de crédito não vale em relação ao devedor, senão quando a este notificada; mas por notificado se tem o devedor que, em escrito público ou particular, se declarou ciente da cessão (art. 290). É conveniente portanto que o devedor participe da transação, pois equivale ao seu beneplácito. Se assim não for feito, deve ele ser notificado, a fim de evitar o pagamento ao cedente e responsabilizar-se perante o cessionário.

Se o devedor não for notificado e estiver na ignorância da cessão, não pode ficar exposto a riscos. Fica desobrigado o devedor que, antes de ter conhecimento da cessão, paga ao cessionário, que lhe apresenta, com o título da cessão, o da obrigação cedida (art. 292). Por essa disposição, cabe ao cessionário o interesse na notificação do devedor. Se o devedor estiver na ignorância da cessão e paga diretamente ao credor primitivo (cedente) fica desobrigado para com o cessionário. Poderá este então voltar-se contra o cedente, pedindo reparação dos danos. Senão, o cedente enriquecer-se-ia ilicitamente.

Outrossim, ocorrendo várias cessões do mesmo crédito, prevalece a que se completar com a tradição do título do crédito cedido (art. 291). Focaliza-se aqui um caso anormal e patológico. O cedente cede várias vezes o mesmo crédito e o devedor só deverá pagar ao cessionário que lhe apresentar e entregar o título da dívida cedida e devidamente quitado.

O devedor pode opor, tanto ao cessionário como ao cedente, as exceções que lhe competirem no momento em que tiver conhecimento da cessão; mas não pode opor ao cessionário de boa-fé a simulação do cedente (art. 292). Essa tutela ao devedor de boa-fé encontra aqui uma restrição, em benefício do cessionário de boa-fé. Digamos que haja cessão de um crédito atingido por determinado vício. O devedor pode opor exceção ao credor primitivo; conserva porém essa faculdade contra o cessionário. Contudo, se tinha a faculdade de opor exceção contra o devedor primitivo e não a opôs, perde o direito de opô-la contra o cessionário, a menos que este tenha agido comprovadamente de má-fé.

25.5. Responsabilidade do cedente

Examinada a situação do devedor, cabe-nos analisar a situação em que fica o credor (cedente) e as responsabilidades que lhe cabem. Na cessão por título oneroso, o cedente, ainda que se não responsabilize, fica responsável ao cessionário pela existência do crédito ao tempo em que lho cedeu. A mesma responsabilidade lhe cabe nas cessões por título gratuito, se tiver procedido de má-fé (art. 295). Examinamos aqui os dois tipos de cessão de crédito: onerosa e gratuita, com critérios diferentes.

Sendo a cessão de crédito a título oneroso, aplicam-se a ela, por analogia, as disposições sobre o contrato de compra e venda. O cedente responsabiliza-se por aquilo que cede. Deve garantir o cessionário contra os riscos da evicção e dos vícios redibitórios. Responderá ele pela existência do crédito, pois, ao ceder, realiza uma alienação. Se ele ceder crédito inexistente, incorrerá em estelionato e poderá ser responsabilizado civil e criminalmente pela cessão viciada. Excetua-se o caso de ter o cessionário conhecimento dos vícios do crédito cedido.

Se, entretanto, a cessão for a título gratuito, não vigora essa responsabilidade. Se o cedente faz doação de um crédito a outrem, não será justo que assuma responsabilidade por ato gracioso, que não o beneficia, mas apenas ao cessionário traz vantagens. Vigora então, para esse caso, o provérbio: "a cavalo dado, não se lhe olham os dentes". Se tiver, porém, agido de má-fé, a responsabilidade recai sobre ele.

O cedente não poderá assumir riscos do negócio, garantindo ao cessionário a vantajosa solução do débito. Salvo estipulação em contrário, o cedente não responde pela solvência do devedor (art. 296). A responsabilidade do credor-cedente restringe-se apenas à constituição do crédito, que não ceda um crédito fraudulento ou irreal. Não garante ele o pagamento do crédito, pois a idoneidade financeira do devedor deverá ser averiguada antes pelo cessionário. Nem tampouco deverá o cedente prever acontecimentos externos, que venham criar dificuldades para o devedor solver o débito. Excetua-se porém se o cedente assumir a responsabilidade da solução final, em convenção com o cessionário.

Essa responsabilidade encontra alguns limites. O cedente, responsável ao cessionário pela solvência do devedor, não responde por mais do que daquele recebeu, com os respectivos juros; mas tem de ressarcir-lhe as despesas da cessão e as que o cessionário houver feito com a cobrança (art. 297). Suponhamos pois que o devedor deixe de pagar o crédito cedido, quando o cedente assumirá responsabilidade pelo pagamento. Fica limitada a responsabilidade de ressarcir o cessionário só até o valor que tiver recebido pela cessão. Não poderá ser cobrado em verbas extras, nem perdas e danos. Será responsabilizado porém nas despesas com a cessão e com a cobrança do crédito contra o devedor.

Esses critérios aplicam-se à cessão convencional, ou seja, a que se processa por vontade do cedente e do cessionário. Quando a transferência do crédito se opera por força da lei, o credor originário não responde pela realidade da dívida, nem pela solvência do devedor. Com efeito, se o cedente não cedeu voluntariamente um crédito "podre", não agiu dolosamente. Esse crédito era dele e se apresentava fatores que desgastavam o próprio crédito era problema de sua alçada. Esse crédito, contudo, lhe foi arrebatado contra sua vontade, pela lei ou mesmo pela justiça e atribuído a um terceiro. Não se revela fraude e má-fé do cedente na cessão forçada.

25.6. Cessão de crédito penhorado

O crédito, uma vez penhorado, não pode mais ser transferido pelo credor que tiver conhecimento da penhora; mas o devedor que o pagar, não tendo notificação dela, fica exonerado, subsistindo somente contra o credor os direitos de terceiro (art. 298). Se o credor, titular de um crédito, tiver esse crédito penhorado, por motivo de execução movida por um seu credor, não poderá ceder o crédito penhorado. O crédito, como se sabe, é um bem penhorável. Todavia, se o credor ceder o crédito penhorado incorrerá em fraude à execução.

O credor do cedente, beneficiário da penhora, deverá requerer a intimação do devedor para que este fique ciente da penhora. Se o devedor, ignorante da penhora, pagar ao cliente, fica desonerado da obrigação. Caberá então ao terceiro (credor do cedente) ação contra o cedente, pois este agiu fraudulentamente. Em nossa opinião, terá incorrido o cedente em estelionato, pois cobrou e recebeu um crédito que não possuía, embaindo a boa-fé do devedor.

Por sua vez, o devedor de boa-fé, vale dizer, aquele que pagou ignorando a penhora, deveria ter pago ao terceiro, beneficiário da penhora, mas como a desconhecia fica desobrigado.

NOVO CÓDIGO CIVIL

Da Cessão de Crédito

Art. 286. O credor pode ceder o seu crédito, se a isso não se opuser a natureza da obrigação, a lei, ou a convenção com o devedor; a cláusula proibitiva da cessão não poderá ser oposta ao cessionário de boa-fé, se não constar do instrumento da obrigação.

Art. 287. Salvo disposição em contrário, na cessão de um crédito abrangem-se todos os seus acessórios.

Art. 288. É ineficaz, em relação a terceiros, a transmissão de um crédito, se não celebrar-se mediante instrumento público, ou instrumento particular revestido das solenidades do § 1º do art. 654.

Art. 289. O cessionário de crédito hipotecário tem o direito de fazer averbar a cessão no registro do imóvel.

Art. 290. A cessão do crédito não tem eficácia em relação ao devedor, senão quando a este notificada; mas por notificado se tem o devedor que, em escrito público ou particular, se declarou ciente da cessão feita.

Art. 291. Ocorrendo várias cessões do mesmo crédito, prevalece a que se completar com a tradição do título do crédito cedido.

Art. 292. Fica desobrigado o devedor que, antes de ter conhecimento da cessão, paga ao credor primitivo, ou que, no caso de mais de uma cessão notificada, paga ao cessionário que lhe apresenta, com o título de cessão, o da obrigação cedida; quando o crédito constar de escritura pública, prevalecerá a prioridade da notificação.

Art. 293. Independentemente do conhecimento da cessão pelo devedor, pode o cessionário exercer os atos conservatórios do direito cedido.

Art. 294. O devedor pode opor ao cessionário as exceções que lhe competirem, bem como as que, no momento em que veio a ter conhecimento da cessão, tinha contra o cedente.

Art. 295. Na cessão por título oneroso, o cedente, ainda que não se responsabilize, fica responsável ao cessionário pela existência do crédito ao tempo em que lhe cedeu; a mesma responsabilidade lhe cabe nas cessões por título gratuito, se tiver procedido de má-fé.

Art. 296. Salvo estipulação em contrário, o cedente não responde pela solvência do devedor.

Art. 297. O cedente, responsável ao cessionário pela solvência do devedor, não responde por mais do que daquele recebeu, com os respectivos juros; mas tem de ressarcir-lhe as despesas da cessão e as que o cessionário houver feito com a cobrança.

Art. 298. O crédito, uma vez penhorado, não pode mais ser transferido pelo credor que tiver conhecimento da penhora; mas o devedor que o pagar, não tendo notificação dela, fica exonerado, subsistindo somente contra o credor os direitos de terceiro.

26. ARRAS OU SINAL

26.1. Conceito
26.2. Tipos de arras

26.1. Conceito

Arras é o nome jurídico do adiantamento em dinheiro, que vulgarmente é chamado de sinal. Ao adquirir uma coisa, o adquirente antecipa ao alienante parte do preço. Destina-se a garantir cumprimento do contrato, evitando arrependimento, pois a parte que desistir da avença indenizará a outra pelo sinal, aliviando-se outras responsabilidades.

Nosso Código usa mais a expressão "arras" do que sinal; todavia, é quase desconhecida vulgarmente a primeira expressão, nome de origem grega, embora nos tenha chegado pelo latim. Talvez por não ser expressão latina seu uso tenha tido fraca aceitação. No Direito italiano, não há essa duplicidade de designação, existindo apenas o termo "caparra", o que também acontece no Direito francês, adotando apenas "arrhes".

Se, por ocasião da conclusão do contrato uma parte deu à outra, a título de arras, dinheiro ou bem móvel, deverão as arras, em caso de execução, ser restituída ou computadas na prestação devida, se do mesmo gênero da principal (art. 417).

Como o código fala sempre nas arras como forma de consolidação de um contrato, essa questão pertence também ao Direito Contratual, malgrado nosso Código a tenha situado também no corpo do Direito das Obrigações. De qualquer maneira, o Direito Contratual pertence também ao campo do Direito das Obrigações e justifica-se o estudo do sinal nos dois campos do Direito Civil.

O sinal provoca a passagem da propriedade do dinheiro ou coisa móvel entregue; quem os recebe torna-se proprietário deles. Não é propriedade definitiva mas provisória e resolúvel, por fazer parte de contrato não plenamente concluído.

Malgrado seja o sinal o adiantamento de dinheiro, também podem ser bens móveis; é um tanto raro encontrar essa hipótese mas é viável, não só legalmente, mas na prática. Não exige ainda a lei que sejam coisas fungíveis, como cereais. Por exemplo, Saturnino celebra com Servílio compromisso de venda de um edifício; Servílio entrega como sinal um automóvel a Saturnino. Se Servílio desistir da operação perde o automóvel em favor de Saturnino, que se torna proprietário definitivo dele.

E se a desistência for de Saturnino? Nesse caso, deverá ser apurado o valor do carro e será este devolvido a Saturnino, mais uma importância em dinheiro, correspondente ao valor do carro.

O Direito italiano considera o sinal um tipo de cláusula penal, tanto que o Código Civil italiano, regulamenta os dois institutos num só capítulo, denominado "Della clausola penal e della caparra". O termo caparra origina-se etimologicamente de "cap/arra". Ambos têm realmente o mesmo objetivo: dar maior segurança e seriedade às obrigações assumidas, impondo sanção a quem não cumpre o prometido. Ambos também estabelecem a faculdade de arrependimento, desde que haja indenização à parte prejudicada. A cláusula penal seria o gênero, de que as arras sejam espécie.

Entretanto, há várias diferenças sensíveis entre a cláusula penal e as arras. A mora, por exemplo, pode implicar a aplicação da cláusula penal, mas não atinge as arras. Na cláusula penal, o credor tem direito a multa e, conforme o caso, a indenização suplementar; nas arras não; o credor tem direito apenas à indenização representada pelas arras. As arras penitenciais (ou indenizatórias) têm efeitos diferentes da cláusula penal, devendo ser consideradas como outro instituto; é um direito a indenização pura e simples.

Podemos então dizer que as arras confirmatórias equivalem à cláusula penal mas não as penitenciais.

26.2. Tipos de arras

Distinguem-se dois tipos de arras; as confirmatórias e as penitenciais.

Arras confirmatórias

Se a parte que deu as arras não executar o contrato, poderá a outra tê-lo por desfeito, retendo-as; se a inexecução for de quem recebeu as arras, poderá quem as deu haver o contrato por desfeito, e exigir sua devolução, mais o equivalente, com atualização monetária segundo índices oficiais, regularmente estabelecidos, juros e honorários de advogado (art. 418).

As modernas disposições sobre as arras, acima referidas, foram trazidas ao Direito brasileiro pelo novo Código, aprimorando, esclarecendo melhor a antiga regulamentação. Inspirou essas disposições as que estavam estabelecidas pelo art. 1.385 do Código Civil italiano:

Caparra confirmatoria	Arras confirmatórias
Se al momento della conclusione del contratto, una parte dà all'altra, a titolo di caparra, una somma di denaro o una quantità di altre cose fungibile, la caparra, in caso di adempimento, essere restituita o imputata alla prestazio arras ne dovuta. Se la parte che ha dato la caparra è inadimplente, l'altra può recedere dal contratto, ritenendo la caparra; se inadimplente è invece la parte che l'ha ricevuta, l'altra può recedere dal contratto ed esigere il doppio della caparra.	Se no momento da conclusão do contrato, uma parte dá à outra, a título de arras, uma soma de dinheiro ou uma quantidade de dinheiro ou de outra coisa fungível, as arras em caso de adimplemento devem ser restituída ou imputada à prestação devida. Se a parte que deu as arras for inadimplente, a outra pode rescindir o contrato, retendo as arras; se inadimplente for a parte que as tiver recebido, a outra pode rescindir o contrato e exigir o dobro das arras.

Nosso Código foi entretanto mais além, estabelecendo juros e correção monetária no valor das arras a serem devolvidas pela parte que as tiver recebido. Bem prevenido nosso Código Civil quis garantir a eficácia do sinal se a inflação retornar à ativa no Brasil, como aconteceu por tantos anos.

A parte inocente pode pedir indenização suplementar, se provar maior prejuízo, valendo as arras como taxa mínima. Pode também a parte "in bonis" exigir a execução do contrato, com as perdas e danos, valendo as arras como o mínimo da indenização (art. 419). Pelo que se vê, o novo Direito brasileiro quer impor mais seriedade no princípio do "pacta sunt servanda". Afora a sanção tradicional para a inadimplência contratual, como ocorre na maioria dos códigos, o nosso traz sanções mais variadas e garantias maiores para a parte "in bonis" no cumprimento do contrato. É preciso ressarcir os danos sofridos, uma vez que as próprias arras podem não dar cobertura a eles.

Desse modo, uma empresa contrata com outra o fornecimento de uma máquina operatriz, a determinado preço; adianta entretanto 30% do preço combinado. Este sinal firma a presunção do acordo final, dando-lhe maior segurança. O recibo dado pelo fornecedor faz prova das obrigações contratuais e torna o contrato obrigatório. Confirma, assim, a avença verbal entre as partes, vinculando os contratantes de forma mais sólida. As arras aplicadas com essa finalidade recebem por isso o nome de "arras confirmatórias".

Arras penitenciais

O sinal é também aplicado com outro sentido, expresso no art. 420 do Código Civil. Ao estabelecer um contrato, as partes poderão prever a possibilidade de arrependimento e pedir a resilição desse contrato. Nesse caso, se a parte que deu o sinal romper o acordo, perderá o dinheiro que adiantou; se a parte que recebeu o sinal romper o acordo, deverá devolvê-lo em dobro. Assim sendo, a indenização fica prevista e orçada, dispensando outros cálculos. Estas são as chamadas "arras penitenciais".

Tem assim as arras penitenciais duplo sentido: confirmar as obrigações contratuais, criando para as partes as perdas conseqüentes do rompimento das obrigações; por outro lado, estabelece e garante o pagamento da indenização dos prejuízos que a parte arrependida tiver causado à outra. Seja o arrependimento de quem adiantou o sinal, seja de quem o recebeu, não haverá indenização suplementar, pois o sinal terá função unicamente indenizatória, em vista de ter sido pactuado entre as partes o "direito de arrependimento".

Os arts. 418 e 419 referem-se às arras confirmatórias, paralelas ao art. 1.385 do Código Civil italiano, acima transcrito. O art. 420 refere-se às arras penitenciais, expostas com muita clareza e firmeza, correspondendo ao art. 1.386 de seu congênere italiano, parecendo-nos o nosso art. 420 mais claro e completo, como se pode ver:

Caparra penitenziale	Arras penitenciais
Se nel contrato è stipulato il diritto di recesso per una o per entrambe le parti, la caparra há la sola funzione di corrispettivo del recesso. In questo caso, il recedente perde la caparra data o deve restituire il doppio di quella che há ricevuta.	Se no contrato for estipulado o direito de arrependimento, por uma ou por ambas as partes, as arras têm só a função de indenização pelo arrependimento. Neste caso, o arrependido perde as arras dadas ou deve restituir o dobro quem as recebeu.

NOVO CÓDIGO CIVIL

Das Arras ou Sinal

Art. 417. Se, por ocasião da conclusão do contrato, uma parte der à outra, a título de arras, dinheiro ou outro bem móvel, deverão as arras, em caso de execução, ser restituídas ou computadas na prestação devida, se do mesmo gênero da principal.

Art. 418. Se a parte que deu as arras não executar o contrato, poderá a outra tê-lo por desfeito, retendo-as; se a inexecução for de quem recebeu as arras, poderá quem as deu haver o contrato por desfeito, e exigir sua devolução mais o equivalente, com atualização monetária segundo índices oficiais regularmente estabelecidos, juros e honorários de advogado.

Art. 419. A parte inocente pode pedir indenização suplementar, se provar maior prejuízo, valendo as arras como taxa mínima. Pode, também, a parte inocente exigir a execução do contrato, com as perdas e danos, valendo as arras como o mínimo da indenização.

Art. 420. Se no contrato for estipulado o direito de arrependimento para qualquer das partes, as arras ou sinal terão função unicamente indenizatória. Neste caso, quem as deu perdê-las-á em benefício da outra parte; e quem as recebeu devolvê-las-á, mais o equivalente. Em ambos os casos não haverá direito a indenização suplementar.

27. DA ASSUNÇÃO DE DÍVIDA

27.1. Conceito e histórico
27.2. Delegação
27.3. Cessão de débito
27.4. Expromissão

27.1. Conceito e histórico

Cuidamos neste compêndio da transferência de crédito, instituto regulamentado em nosso Código Civil, o antigo e o novo. Procuraremos falar agora da transferência de débito, inovação legislativa do novo Código. É o acordo pelo qual o devedor de uma obrigação a transfere para um terceiro, com a concordância do credor. Dá-se pois a substituição de uma pessoa pela outra, no pólo passivo da relação creditícia, sem que haja a ruptura do vínculo obrigacional.

Essa questão é pouco cuidada em nosso Direito, pelo principal motivo de que nossa lei não a tinha previsto. Não há conseqüentemente jurisprudência a este respeito. Entretanto, não se pode dizer que não era praticada no Brasil, por ser viável tanto juridicamente como operacionalmente. Havia apenas lacuna na lei, mas não vedação. Acreditamos que a omissão da lei tenha resultado da tradição romana, pois o Direito da antiga Roma dava à obrigação caráter estritamente pessoal. Assim sendo, não se podia conceber a substituição de uma pessoa no vínculo obrigacional.

No Direito moderno, todavia, a assunção de dívida, vale dizer, a substituição da pessoa do devedor, passou a ser praticada e institutos análogos foram sendo acolhidos pela lei. Uma situação em que se observa a substituição do devedor é na sucessão: as dívidas do *de cujus* passam os seus herdeiros. Se uma empresa se funde com a outra, formando nova empresa, as dívidas de ambas são assumidas pela nova empresa; houve portanto transferência de débitos e substituição do devedor.

Se assim acontece por disposição da lei, nada obsta que voluntariamente as partes interessadas estabeleçam acordo nesse sentido. O que se exige, naturalmente, é que as operações se processem com a observância das normas legais, que não ofendam a ordem pública e os bons costumes, que as partes sejam capazes, que o objeto seja lícito.

Já no século XVIII essa figura jurídica surgia no Código Civil alemão, o conhecido BGB. Embora nosso Código muito se tivesse inspirado no BGB, Clóvis Bevilaqua não o adotou. Também encontrou guarida no Direito suíço, estando expressa no Código das Obrigações (como se sabe, a Suíça tem o Código das Obrigações separado do Código Civil e não tem o Código Comercial).

O Código Civil italiano de 1865 não incluiu a assunção de dívida, mas adotou-a no Código de 1.942, nos arts. 1.268 a 1.276. Está no capítulo denominado "Della delegazione, dell'espromissione e dell'accollo".

A novidade introduzida na lei brasileira pelo novo Código traz ao direito pátrio instituição legalmente desconhecida e não foi analisada pela doutrina, nem estudada pelos juristas. Entrou porém em vigor em 11.1.2003 e representa opção a mais para solucionarmos os problemas das relações obrigacionais.

Impõe-se por isso maior esforço de interpretação para que as notáveis contribuições do novo Código ganhem força e sirvam ao Direito. Procuraremos então nos ater ao Direito europeu, em que o Direito italiano revela-se mais completo, tanto na lei como na doutrina. O Direito italiano apresenta três formas de assunção de dívida, assim considerada a modificação subjetiva no lado passivo da relação obrigacional, mais precisamente a substituição de um devedor por outro. O critério adotado para essa distinção é a iniciativa de cada uma das partes. Conforme o lado de quem toma a iniciativa são as três seguintes:

1 - delegação – deve-se à iniciativa do devedor originário;
2 - cessão de débito – deve-se à iniciativa do devedor com terceiro;
3 - expromissão – deve-se à iniciativa do terceiro com o credor.

Nosso Código não faz essa discriminação, o que nos parece ter agido certo. Não vemos grande importância nessa divisão, pois as três modalidades de transferência de débito produzem o mesmo efeito. Têm elas pequenas diferenças na formação, mas é possível incluir cláusulas no acordo, modificando as características dele.

Procuraremos então analisar as disposições do nosso Código, mas sem deixar de levar em conta suas origens. A assunção de dívida é designação geral; é o gênero de que a delegação, a cessão de débito e a expromissão são espécies. Ela pode ocorrer em alguns casos especiais e previstos em lei. Examinemos então o problema, levando em conta cada modalidade, embora nosso Código não o tenha regulamentado cada uma, mas o exame separado delas nos leva à melhor compreensão.

Introduzida pelo Código Civil de 2002, a assunção de dívida é mais uma forma de transferência de obrigações. Por ela é substituído um devedor por outro numa relação creditória. É facultado a um terceiro assumir a obrigação do devedor, com consentimento expresso do credor. O devedor primitivo fica exonerado das obrigações, salvo se o terceiro era insolvente ao tempo da assunção e o credor o ignorava (art. 299). O crédito é elemento componente do patrimônio ativo de uma pessoa, e bem "in commercium": pode ser objeto de transferência a título gratuito ou oneroso.

Ao que parece, não é prática muito comum, pois não se vê interesse de alguém assumir débitos de outrem. Poderia um terceiro garantir o débito de alguém, como por exemplo, pela fiança. Entretanto, pode haver algum interessado na obtenção de financiamento e seus débitos poderão prejudicá-lo. É assim um recurso que o Direito concede para a solução de problemas pessoais. É natural que deva haver a concordância do credor na mudança do pólo passivo da relação creditória. O crédito baseia-se na confiança; aliás, o termo crédito origina-se do verbo latino "credere" = crer, confiar. Quem concede crédito é porque tem confiança na pessoa de seu devedor, e não pode este transferir sua responsabilidade a um terceiro, estranho a um credor que nele confiou.

27.2. Delegação

Dá-se a delegação quando o devedor propõe ao credor um novo devedor, que substituirá o originário. Qualquer das partes pode assinar prazo ao credor para que consinta na assunção da dívida, interpretando-se o seu silêncio como recusa. E se não houver consentimento do credor, não haverá assunção de dívida. Nesse modo de transferência, o primeiro devedor é chamado de *delegante* e o segundo *delegado*; o credor é o *delegatário*. A delegação provoca a transferência do débito por meio do comprometimento das três partes envolvidas: o devedor originário (delegante), o novo devedor (delegado) e o credor (delegatário). Trata-se de operação trilateral, uma vez que é necessário a concordância dos três. Apresenta ela duas versões:

Delegatio solvendi

A iniciativa da delegação é do devedor originário (delegante), que atribui ao terceiro (delegado) a incumbência de pagar ao credor (delegatário) o débito a que está comprometido o primeiro devedor. É a chamada delegação de pagamento (*delegatio solvendi*).

Acontece a *delegatio solvendi* com o pagamento aos aposentados. O INSS deu delegação ao banco de fazer o pagamento da pensão ao aposentado. O banco ficou, pois, comprometido e se não pagar, poderá ele ser processado, juntamente com o INSS. A delegação de pagamento (a *delegatio solvendi*) não provoca a extinção do dever do devedor-delegante. O banco (o terceiro-delegado), com base na delegação recebida do devedor-delegante paga o débito deste último ao credor-delegatário (o aposentado).

Delegatio promittendi

Na delegação de débito ou *delegatio promittendi*, o devedor-delegante não só transfere ao terceiro-prometido a obrigação de pagar, indo mais além. Transforma-o em devedor perante o credor-delegatário. É a substituição do devedor originário (delegante) por um novo devedor (delegado).

Este último torna-se o único devedor no caso de delegação privativa, liberatória do devedor originário, desde que o credor o dispense.

Na delegação cumulativa, o devedor originário não se desliga da obrigação, ficando responsável solidariamente com o terceiro-delegado, pela obrigação para com o credor-delegatário.

A modalidade pela qual se concretiza a delegação de débito, a *delegatio promittendi*, pode ser resumida na seguinte seqüência de atos com os quais as três partes participam dela:

1. O devedor-delegante celebra acordo com o terceiro-delegado, obrigando-se este último a assumir a posição de devedor perante o credor-delegatário.

2. O terceiro-delegado endereça ao credor-delegatário declaração de que se obriga a responder pelo débito.

3. O credor-delegatário comunica que aceita a delegação, declarando se libera ou não o devedor originário. Se o credor-delegatário declarar expressamente a liberação, será delegação privativa. Se não o libera será delegação cumulativa, ficando os dois devedores responsáveis solidários pelo pagamento.

27.3. Cessão de débito

É o acordo entre o devedor originário e o terceiro, para que este assuma o débito. Ambos porém deverão pedir a adesão do credor. Salvo o assentimento expresso do devedor primitivo, consideram-se extintas, a partir da assunção da dívida, as garantias especiais por ele originariamente dadas ao credor (art. 300). Vamos exemplificar: Papiniano deve dinheiro a Salustiano; Marciliano porém assume a dívida, substituindo Papiniano. Se Marciliano passou a ser o novo devedor, Papiniano não é mais devedor e suas obrigações saíram de seu passivo. É possível porém que Papiniano concorde em permanecer como devedor, formando com Marciliano uma dupla de devedores.

Se a substituição do devedor vier a ser anulada, restaura-se o débito, com todas as suas garantias, salvo as garantias prestadas por terceiros, exceto se este conhecia o vício que inquinava a obrigação (art. 301). Entram aqui em discussão as garantias da dívida assumida por terceiro. É possível que tenha ela alguma garantia como a fiança. O fiador exonera-se de sua obrigação pois se comprometeu a garantir uma pessoa; se essa pessoa não mais tem dívida, não mais tem garantia.

Contudo, a assunção de dívida pode ser anulada. Sendo anulada, volta ao pólo passivo o devedor primitivo, saindo da relação obrigacional o devedor substituto. A dívida volta ao devedor primitivo com seus acessórios, como juros e correção monetária, mas sem a garantia dada por terceiros, conforme explicado acima.

O que não poderá o devedor substituto é opor ao credor possíveis direitos do antigo devedor, que no momento do pagamento já estava fora da relação obrigacional. Será o exemplo de o credor haver prometido desconto ao devedor original. No momento da assunção, essa promessa deixou de valer.

O adquirente de imóvel hipotecado pode tomar a seu cargo o pagamento do crédito garantido; se o credor, notificado, não impugnar, em trinta dias a transferência do débito, entender-se-á dado o assentimento (art. 303). Estamos falando de imóvel garantido por hipoteca e esta adere ao imóvel, tanto que é averbada no registro desse imóvel na circunscrição imobiliária: não há como isolar a dívida da garantia. Ao assumir a dívida, o novo devedor assume a hipoteca e se compromete a liquidar ambas: a dívida e a garantia. Precisará porém dar conhecimento de sua intenção ao credor hipotecário, que deverá concordar com a assunção das obrigações para com ele. Se o credor hipotecário não impugnar a assunção, como lhe é facultado, interpreta-se como tendo concordado com ela.

Esta situação é diferente da assunção de dívida comum. Se o credor não se pronunciar, interpreta-se como não tendo concordado. Mas se for dívida tributária, o silêncio do credor será interpretado como concordância.

27.4. Expromissão

É o acordo com o qual o terceiro (expromitente) conveniona com o credor (expromissário) para assumir o débito de outro devedor (expromisso). Pode parecer estranho que o terceiro assuma o débito de outra pessoa sem que esta participe da transferência, ficando inerte. Todavia, é possível na prática costumeira, como ainda juridicamente. Aliás, a expromissão era adotada pelo Direito romano com o nome *expromissio*, sendo definida por Gaio como "novação por mudança do devedor sem entendimento prévio entre o antigo e o novo devedor.

Nosso Código não descreve a expromissão, mas não a proíbe; aceita-a por analogia, pois, ao regulamentar a assunção de dívida, inclui as três modalidades. Diz nosso Código, no art. 299, que é facultado a terceiro assumir a obrigação do devedor, não esclarecendo se essa mudança deve ou não contar com a aprovação do devedor originário. Nem tampouco existem razões para que essa mudança seja proibida, porquanto a ninguém prejudica. Se é o acordo celebrado entre o credor e o novo devedor, foi do interesse de ambos. O devedor primitivo não foi ouvido, mas não teve ele prejuízo; só pode ter sido beneficiado, por ter-se aliviado do débito. Se não estiver ele de acordo, é só pagar a dívida, tornando inócua a expromissão.

Quem poderia ser prejudicado seria o credor. A ele não é indiferente a substituição do devedor primitivo por um novo. A solvência, a diligência, a credibilidade, a seriedade podem ser modificadas com a substituição. Traz ao credor modificações no risco de satisfazer o crédito dele. Contudo, se ele acertou com o novo devedor, esse risco foi superado.

A extromissão é uma espécie do gênero de assunção de dívida introduzida em nosso Direito pelo novo Código. Podemos considerá-la pela descrição que lhe dá o art. 1.272 do Código Civil italiano:

Expromissione	Expromissão
Il terzo che, senza delegazione del debitore, ne assume verso il creditore il debito, é obbrigato en solido col debitore originário, se il creditore non dichiara espressamente di leberare quest'ultimo. Se non è convenuto diversamente, il terzo non può oporre al creditore le accezioni relative ai suoi rapporti col debitore originario. Può opporgli invece le eccezioni che al creditore avrebbe potuto oporre il debitore originario, se non sono personali a quest'ultimo e non derivano da fatti successivi all'espromissione. Non può opporgli la compensazione che avrebbe potuto oporre il debitore originario, quantunque si sai verificata prima della expromissione.	O terceiro que, sem delegação do devedor, assume o débito deste para com o credor, é obrigado solidariamente com o devedor originário, se o credor não declarar expressamente liberar este último. Se não for convencionado diversamente, o terceiro não pode opor ao credor as exceções relativas à suas relações com o devedor originário. Pode opor-lhe, ao revés, as exceções que ao credor teria podido opor o devedor originário, se não forem pessoais a este último e não derivem de fatos sucessivos à expromissão. Não pode opor-lhe a compensação que teria podido opor o devedor originário, ainda que tenha sido verificada antes da expromissão.

Vê-se pois que, se o credor (expromissário) não declara liberar o devedor (exprometido), a expromissão é considerada "cumulativa", visto que os dois devedores, expromitente e exprometido ficam obrigados solidariamente.

Deve-se realçar a diferença entre as três formas de assunção de dívida. Na delegação, a assunção da dívida por parte do terceiro-expromitente surge da iniciativa do devedor originário. Por exemplo, a sociedade controlada propõe ao banco-credor sua substituição, no débito, pela sociedade controladora.

Na expromissão, é o terceiro-expromitente, neste caso, a sociedade controladora obriga-se perante o banco-credor pelo débito da sociedade controlada. A iniciativa foi, portanto, da sociedade controladora, o terceiro-expromitente, sem a participação da sociedade controlada.

Na cessão de débito, a operação é mais complexa, resultando geralmente da iniciativa do devedor com terceiro para proporem ambos a participação do credor.

NOVO CÓDIGO CIVIL

CAPÍTULO II
Da Assunção de Dívida

Art. 299. É facultado a terceiro assumir a obrigação do devedor, com o consentimento expresso do credor, ficando exonerado o devedor primitivo, salvo se aquele, ao tempo da assunção, era insolvente e o credor o ignorava.

Parágrafo único. Qualquer das partes pode assinar prazo ao credor para que consinta na assunção da dívida, interpretando-se o seu silêncio como recusa.

Art. 300. Salvo assentimento expresso do devedor primitivo, consideram-se extintas, a partir da assunção da dívida, as garantias especiais por ele originariamente dadas ao credor.

Art. 301. Se a substituição do devedor vier a ser anulada, restaura-se o débito, com todas as suas garantias, salvo as garantias prestadas por terceiros, exceto se este conhecia o vício que inquinava a obrigação.

Art. 302. O novo devedor não pode opor ao credor as exceções pessoais que competiam ao devedor primitivo.

Art. 303. O adquirente de imóvel hipotecado pode tomar a seu cargo o pagamento do crédito garantido; se o credor, notificado, não impugnar em trinta dias a transferência do débito, entender-se-á dado o assentimento.

28. DA CESSÃO DE CONTRATO

28.1. Conceito e requisitos
28.2. Efeitos da cessão de contrato

28.1. Conceito e requisitos

Após havermos falado sobre a cessão de crédito e a cessão de débito, vamos falar de ambos, débito-crédito em conjunto. É o que se dá na cessão de contrato. Essa figura jurídica, da mesma forma que a cessão de débito, não está prevista em nossa lei. Vigora porém em nosso Direito o regime de liberdade das partes na manifestação de vontade. Não repugna pois ao nosso Direito a transferência do débito-crédito em bloco. Nada impede tampouco que venha a ser um dia regulamentada pela nossa lei, como o faz o Código Civil italiano, nos arts. 1.406 a 1.410.

Dá-se assim a substituição de uma das partes de um contrato de prestações recíprocas; cada parte pode ser substituída por um terceiro, nas relações derivantes de um contrato. Quatro requisitos são exigidos para que se opere a cessão de um contrato: que seja contrato de prestações recíprocas, que as prestações não tenham sido ainda adimplidas, que a terceira parte esteja de acordo e que o contrato se mantenha, ou seja, que a relação jurídica fique imutável na sua circulação, pelo menos nos seus elementos essenciais. Opera-se apenas a transferência da posição passiva ou ativa; o credor ou o devedor serão substituídos por um terceiro.

Necessário que o contrato seja de prestações recíprocas, normalmente chamado de bilateral. Não é possível a cessão de um contrato unilateral, de prestações a cargo de uma só parte, pois, se não há obrigações recíprocas, só poderá haver nele uma cessão de crédito ou uma cessão de débito. Assim seria num contrato de doação, depósito ou comodato. Objeto da cessão do contrato não é o contrato, mas a qualidade de uma parte dele, mais exatamente a posição jurídica de parte do contrato. Aplica-se então nos contratos de locação, empreitada, compra e venda, mandato e outros. Caso típico é o do mandato *ad juditia;* o cliente outorga mandato a seu advogado, mas este retira-se do contrato, outorgando o subestabelecimento a outro advogado; houve pois a substituição de uma das partes do contrato. O advogado celebrante do contrato é chamado de cedente, o novo advogado de cessionário e o cliente de cedido. Figura semelhante se dá na sucessão *ex lege* do locador, quando este vende um imóvel com inquilino nele; o locador cedeu o contrato de locação a um terceiro, transferindo para este os direitos e obrigações derivantes do contrato.

Outro requisito é o de que o contrato se mantenha e circule na sua integridade; a única alteração sensível deve ser a transferência que o cedente faz de seus direitos e obrigações ao cessionário. Não há um novo contrato, senão seria um tipo de novação. A cessão deverá pois se operar quando o contrato já estiver formalizado e antes que tenham sido cumpridas as prestações, porquanto, se uma das partes já tiver adimplido suas obrigações, nada sobrará para transferir: seria então uma cessão de crédito ou de débito, mas não de contrato. Como o contrato permanece íntegro, imprescindível se torna a concordância da outra parte, do cedido. Caso contrário, o cedente e o cessionário terão promovido uma festa, esquecendo-se de convidar o dono da casa.

28.2. Efeitos da cessão de contrato

Há na cessão de contrato três partes envolvidas e naturalmente a operação vai provocar modificações no relacionamento entre elas, a saber: entre cedido e cedente, entre cedido e cessionário, entre cedente e cessionário.

Ao ceder o contrato a um terceiro (cessionário), o cedente fica liberado, desligando-se dele *ex nunc,* ou seja, desde o momento em que a cessão se perfaz. O cedido, isto é, a outra parte do contrato precisará concordar expressamente com a substituição do cedente pelo cessionário. Se não houver essa declaração, o cedido poderá agir contra o cedente, se o cessionário não adimplir a obrigação que assumiu.

Quanto ao relacionamento entre o cedido e o cessionário, poderá o cedido opor contra o cessionário todas as exceções derivadas do contrato. Não poderá, porém, opor exceções baseadas sobre relações com o cedente. Se o cedido consentiu que o cedente fosse substituído pelo cessionário nas relações derivantes do contrato, a substituição é eficaz desde o momento em que o cedido foi notificado ou em que este a aceitou.

Resta ainda o relacionamento entre o cedente e o cessionário. O cedente é obrigado a garantir a validade do contrato. Mais ou menos, aplicam-se neste caso as disposições do contrato de compra e venda: o cedente deve garantir o cessionário contra os riscos da evicção e dos vícios redibitórios. É possível que, ao ceder o contrato, o cedente assuma a garantia do adimplemento da obrigação. Assim sendo, responde o cedente como um fidejussor, um fiador, pelas obrigações do cessionário.